木部則雄【編著】

精神分析/精神科・小児科臨床セミナー 総論
: 精神分析的アセスメントとプロセス

福村出版

[JCOPY] 〈出版者著作権管理機構 委託出版物〉
本書の無断複写は著作権法上での例外を除き禁じられています。複写される場合は、そのつど事前に、出版者著作権管理機構（電話 03-5244-5088、FAX 03-5244-5089、e-mail: info@jcopy.or.jp）の許諾を得てください。

「精神分析／精神科・小児科臨床セミナー　総論：精神分析的アセスメントとプロセス」目次

はじめに　iv

第Ⅰ部　精神分析と医学

第1章　精神分析と精神医学　　　　　　　　　　　福本 修　2
第2章　精神分析と小児科／児童精神科　　　　　　木部則雄　21

第Ⅱ部　子どもと精神分析

第3章　精神分析的発達論　　　　　　　　　　　　木部則雄　38
第4章　子どもの精神分析的アセスメント　　　　　井口由子　59
第5章　子どもの精神分析的心理療法プロセス　　　吉沢伸一　78
第6章　乳幼児の精神分析的アプローチ　　　　　　村田朱美　92
第7章　親面接について　　　　　　　　　　　　　井口由子　105

第Ⅲ部　思春期と精神分析

第8章　思春期の発達論　　　　　　　　　　　　　木部則雄　120
第9章　思春期の精神分析的アセスメント　　　　　浅野美穂子　137
第10章　思春期の治療プロセス　　　　　　　　　 浅野美穂子　150

第Ⅳ部　成人と精神分析

第11章　精神分析的発達論
　　　　──パーソナリティ障害と自閉スペクトラム症　福本 修　162
第12章　成人の精神分析的アセスメント　　　　　　髙野 晶　176
第13章　成人の精神分析的プロセス　　　　　　　　伊藤幸恵　190

はじめに

　本書は2017年から開始された『精神分析／精神科・小児科臨床セミナー』の講義をもとに企画、編集されたものである。セミナーの開催は、公認心理師が国家資格となるに従い、心理専門職の医療現場への参加が確実であり、この際、精神分析のアイディアが大きな貢献を為すと考えたことに端を発している。精神分析はフロイト、それ以後メラニー・クラインとアンナ・フロイトの二人の女性の切磋琢磨した臨床実践と理論構築によって発展してきた。そこには、治療対象としていた精神疾患、子ども観や技法の大きな相違はあったものの、戦後、精神分析は弁証法的に大いに発展を遂げた。現代の医学トレンドや家族、社会の変化といった背景を前提条件と認識しつつ、本書は精神分析の現代の臨床フィールドへの応用を中心に記載している。これは精神分析に馴染みのない臨床家にとっても、興味深く読めるはずである。精神分析は現代的な臨床フィールドを相手に変貌する必要があり、本書は医療現場における精神分析ルネッサンスとして、精神分析的な思考が果たすことのできる意義を集積したものである。

　本書は四部構成になっている。第Ⅰ部は「精神分析と医学」として、精神分析の精神医学、小児科学／児童精神医学への貢献と現代的な意義についての総論である。第Ⅱ部は「子どもと精神分析」として、精神分析的発達論に続いて、精神分析によるアセスメント、心理療法のプロセス、乳幼児、親面接について詳細に記載されている。ここでは精神分析の領域を超えて、普段の子どもや家族と関わる専門家にとっても参考になるはずである。第Ⅲ部は「思春期と精神分析」であり、思春期の発達論、アセスメントと精神分析的心理療法のプロセスが記載されている。思春期の葛藤は子ども時代からの葛藤の再燃であり、大人になって表面化することを例示している。第Ⅳ部は「成人と精神分析」とし

て、アセスメントと精神分析的心理療法のプロセスについて記載されている。ここでは複雑な大人の心的世界を解き明かし、精神分析の醍醐味が理解できるように丁寧に述べられている。

　本書の序として、まず現代の精神分析の臨床フィールドについて触れておく必要があるだろう。フロイトの創案したオリジナルな精神分析はある意味、絶滅危惧種となったようである。昨今では精神分析、精神力動的な視点はほとんど顧みられることなく、操作的診断基準が隆盛するに伴い神経症やヒステリー、心因反応などのドイツ精神医学の概念はなくなり、ほとんどの子どもたちは発達障害と診断される。精神分析が現代の精神医学や小児科学の中で隅に追いやられたのには、いくつかの理由がある。

　まず、そのコスト・パフォーマンスの悪さと、その技法にある。スタンダードな精神分析では、週に5回、50分間のセラピーを受けることになる。この設定は多忙な現代社会にあっては非現実的なものである。我が国では、旧来より週一回の精神分析的心理療法が一般的であるが、これを保持することが難しい場合も多々ある。これには多忙な日常業務や研究に苛まれている医師や専門職の問題だけでなく、精神分析の最も適応とされる神経症の人たちが多忙で、セラピーの必要な子どもの保護者の多くは共働きで、医療機関に連れてくることができないという現実がある。こうした意味で、回数が限られ精神分析のコンパクト版としての認知行動療法が注目されているのであろう。

　次に、力動精神医学から生物学的精神医学へのシフトには、DNAや画像診断というエビデンスを探究する道を目指しながら、精神医学が他の医学と肩を並べる脳科学だという目論見がその背景にある。これは精神分析や精神病理学というアナログ思考からデジタル見地へのコペルニクス的転回である。しかしながら、統合失調症や双極性障害など代表的な精神疾患ですら、その決定的なエビデンスは立証されていない。冷静に立ち止まり考えてみれば、統合失調症の本質である思考の異常や、双極性障害の気分が可視化できるのであろうか、あるいは数値化できるのであろうか、という事象に関わってくる。このことが神への挑戦以上に不可能な試みだと感じるのは、私だけであろうか。

　更に、薬物療法の発展は目覚ましく、最もコスト・パフォーマンスのよい治

療となっている。フロイトが自らの不安神経症を克服した際に発見したエディプス・コンプレックスも、抗不安剤があったら発見されなかったであろう。薬物療法はほとんどの精神疾患のファーストエイドとして、大きな役割を担っている。このことが、神経症をはじめとした精神疾患を精神分析から遠退けたのかもしれないが、精神病や自閉スペクトラム症などの発達障害、あるいはパーソナリティ障害の精神分析的心理療法の大きな手助けとなっているのも事実である。薬物療法との併用は、こうした人々の治療に大きく寄与するだろう。

最後になるが、現代人の家族とメンタリティの変化にも注目する必要がある。クラインやアンナ・フロイトの時代であれば、神経症と診断される子どもたちが精神分析の対象の中心であったが、今や私たちが出会うのは、発達障害や、家庭崩壊に伴う情緒的混乱に苦しむ子どもたち、時には悲惨な虐待といった現実に直面した子どもたちである。また、いわゆる新型鬱病や引きこもりの若者たちである。ここにはエディプス・コンプレックスの葛藤からあっさりと退却したメンタリティがあるように思える。家族は核家族のみならず、離婚による片親家庭の増加、ティーンエージャーの子育てなど、子どもに関わりケアする家族の機能が低下し、子育てに相応しい環境が提供されることすら困難な状況にある。また、ITやSNSなどの発展は子育てに大きな影響を与えている。常に動画を見ながら授乳する母親、動画に子守りをさせる子育て、スマホによって性的な動画などを自由に入手できる思春期の若者など、これらは子どもの養育環境への悪影響の典型である。子ども自身も実際の関わりより、ゲームなどを媒体とした関わりが中心となっている。動画やネットでの情報は平面的で、そこには真のコミュニケーションや創造的な空想が展開する余地はほとんどなく、剥き出しの現実があるだけで、思考は麻痺し、真のコミュニケーションは遮断されている。これはヴァーチャル・リアリティでもあるが、現実があたかもそこに存在するかのような錯覚を与える。

ここまで既述した現代の精神科医療や、ITを中心とした現代社会の特徴はデジタル思考であるが、すべての臨床行為は実際のところアナログ行為であるという現実を想起してほしい。私たちがクライアントを前にするとき、そこには生きた人間がいる。ひとりひとりが個々の歴史を歩み、自らあるいは家族が

悩み、この臨床の場に登場するのである。この際、診断基準の該当項目の数や質問紙の得点だけでマニュアル化した診断が為されるとしたら、私たち専門家の存在意義はなく、AI（人工知能）だけで事足りるであろう。精神分析の正式な技法で臨床実践をすることはほとんど困難であるが、私たちがそれを使い熟(こな)すための修練や経験をすることによって精神分析的思考を養い、それは幅広く臨床に応用できる。

　まず、精神分析は生育歴や家族歴、その場でのクライアントの反応からアセスメントを行うが、その精巧によって、それぞれのクライアントの大枠のこころの見取り図を創り出すことができる。この時に大切なことは、私たちとクライアントの生きた関わりである。これは臨床行為において、最も重要なことであり、その後の治療の指針となる。

　精神分析は無意識への探索を基本とするが、これは未だに多くの臨床的貢献を為している。クライアントの問題はどのような葛藤に由来しているのか、あるいはクライアントが抱える心的苦痛の源泉は何なのか、そしてそれらがどのように反復されているのかなどは、人間の無意識のダイナミズムを理解できない限りたどり着くことはできない。精神分析的なアセスメントによって、無意識的なダイナミズムを踏まえてこころの見取り図を描ければ、一先ず、厳密な精神分析の治療設定を要さない。これは小児科医であったウィニコットの治療相談でも実証されている。また、精神分析の技法の中心である転移解釈は、現代人のメンタリティ、発達障害や被虐待児では当初、適切ではないことが多く、情緒的理解がより重要視されるようになった。

　最後に、精神分析はクライアントの心的世界の詳細な理解、子どもであれば保護者の提供する環境の吟味、発達的な素因などを総括的に考えることのできる重要なツールであることに疑いはない。精神分析はいまだに現代の臨床フィールドにおいても大きな貢献を為し、その学びにより臨床ワークがより興味深く感じられるものとなることを強調したい。本書に集約されたその実践知に触れることで、日々の臨床をより生きたものとして体験することを期待したい。

謝　辞

　本書は「精神分析／精神科・小児科臨床セミナー」に参加して下さった人たちがいなければ成り立たないものでした。熱心にセミナーに参加して、私たちを刺激する質問をして下さった皆様にまず、感謝を述べさせて頂きます。また、ご多忙にもかかわらず、このセミナーの講義と執筆を快く承諾して頂いた先生たち、そして裏方として事務作業などを適切に行って頂いた白百合女子大学助教千﨑美恵さん、大学院生の根本泰明さんにも深く感謝をしています。最後になりますが、この経験浅いセミナーの講義を一冊の書籍にして下さった松山由理子さんには、お世話になったことも含めて深く感謝をいたします。

　　　　　　　　　　　　　　　　　　　平成最後の新春　荒木町にて
　　　　　　　　　　　　　　　　　　　　　　　　　　木　部　則　雄

第Ⅰ部　精神分析と医学

第1章
精神分析と精神医学

福本　修

第1節　はじめに

　本書の読者層は、私の想像では、主に二群に分かれるように思われる。一つは、編者の木部則雄氏を中心とする子どもや思春期にある患者の理解と精神分析的な心理療法に、関心がある人たちである。その中には、臨床の仕事を既に行なっていて精神分析的なアプローチを実践している人もいれば、面会の頻度や面接時間の確保が難しく、機会を見出せてはいないが関心を持っている人もいるだろう。そのいずれの人たちにも、成人の章を含めて、本書の各論が役立つことを期待したい。

　もう一つの群は、パラメディカルとして、医療の中で精神分析がどのような役割を今も果たしているのか知りたいと思う人たちではないだろうか。そこには、臨床心理士や看護師の方が場合によっては、平均的な精神科医よりも精神分析的な発達論や防衛理解について詳しいという現代の事情がある。実際、看護や臨床心理の教科書にはまだそうした項目の説明が残っていても、精神医学の教科書では、ほとんど見当たらない。精神分析が一般読者の関心を惹き続けているのに対して、医学教育の中にはほとんど登場しなくなって久しい。現代の標準的な医学書では、500ページ超の中で精神分析に関わる記述は2ページ弱である。逆に現代の精神科医たちは、精神分析的な理解も或る程度の素養だった1980年代90年代の医師たちとは相当異なった、標準化された知識と技能を身に付けている。若手・中堅の同僚医師たちがどのような専門医研修を経ているのか、その中で精神療法はどのような位置づけにあるのか、相互の理解

とコミュニケーションのために知っておく必要があるだろう。以下ではその概略も紹介したい。

　さてそれでは、精神分析的なものは精神医学から、何処に行ったのだろうか。今日、メンタルヘルスの何らかの専門家で、精神医療と精神分析やカウンセリングを混同する人はほぼいないと思われるが、患者や家族は、そうした想定や期待を持つことがままある。彼らに敢えて説明する機会はないかもしれないけれども、それは私たちにとっても、やや虚を突かれる問いである。改めて考えてみると、その姿が見えにくくなったのは、精神分析にとって医療の中では活動の場が狭まったり対象が限られたりしたためという点が大きいにしても、何らかの形ですでに普及し浸透するようになったためであると言うこともできるだろう。

　精神医学の中の精神分析的なものには、大まかに言うと三つの流れがある。それは歴史に登場する順番でもあれば、精神医学から離れていく傾向でもある。但し、"離れていく"とは、関係がなくなるということではなくて、自立した意味を持つようになる、ということである。第一は、症例記述と病因論・発達論を含む精神病理学である。第二は、治療者・患者の関係の無意識的相互作用を含む理解である。そして第三は、医療の場にも重なる治療の実践である。

　第一のものは、精神分析が主に言葉による叙述であったことで、内容の了解および納得と、患者への伝達つまり解釈というコミュニケーションには役立ったが、医学としては、自然科学に基づく定量的な理解と介入に道を譲ることになった。しかしそれは実践を通じて、第二の理解の道を開いた。第三のものは精神分析が見出した内的世界に関わり、今も精神医療に独自の貢献ができる部分である。次節では、主に第一に関して素描しよう。

第2節　精神分析による貢献の浸透と拡散

1　現代精神医学の成立まで

　器質疾患から鑑別されるヒステリーの理解と治療は、19世紀末の精神医学の課題の一つだった。ひとりの医師が医学の領野全体を見渡して新たな展望を

切り開くことは既に困難だったが、個人的な研究が新たな発見や治療方法をもたらすことは、様々な領域で起きていた。精神分析を創始したフロイトは医師であり、彼の考察も当初はそうした試みとして、医療の枠内で行なわれていたと思われる。しかしながら彼の仕事は、自然科学的解明としてはあくまで言葉による心のモデルを推敲していったために、医学研究の領域からは外れていった。それは彼の業績が、ノーベル医学生理学賞ではなく文学賞の候補になっていったことに象徴されている。実際、彼は『ヒステリー研究』（Freud 1895）の有名な「ヒステリーをありきたりの不幸な状態に変える」と述べた箇所で、出版当時は、「神経系［1895］を快復させれば」と書いていた。それを1924年に著作集向けに編集した際には、彼は他の箇所が「今日の分析者がこの病歴を読めば、憫笑を禁じえないであろう」と認めつつそのまま再掲したのに対して、この「神経系を快復させれば」は、「心的生活を快復させれば」に変更した。その理由は確認困難だが、1920年代には、ヒステリーそして精神分析全般の研究は神経生理学と無縁になり、独自の「心的生活」を探究するものとなった。

　他方、彼の出発当時、大脳を中心とする生物学的理論は、電気治療・水治療・食事療法といった現場の治療と懸け離れていた。間を埋める観察と記述の整理が徐々に進んでも、二大精神病を記載したクレペリン『精神医学』第6版は、1899年刊だった。1905年に「梅毒スピロヘータ」が確認され、「マラリア発熱療法」（ヤウレック）による治療が1917年に提唱されても、生物学的アプローチは「内因性」の領域には手が届かなかった。ペニシリンによる梅毒の根治は1944年である。

　神経細胞（ニューロン）の詳細な構造が明確になるのは、1950年代の電子顕微鏡開発以後である。フロイトが「心理学草案」（1895）を試みたときには、神経の電気伝導は知られていても、シナプスの構造と神経伝達物質の存在は、理論的な推測さえなされていなかった。しかし、そうした物質が検出できるようになり、受容体が知られるようになると、自然科学的な精神薬理の検証が可能となった。その頃から、向精神薬の第一世代は実用化され始めた。フロイトは最晩年の『精神分析概説』（1938）で、われわれの「心的なもの（心の生活）」を構成する「身体器官と舞台すなわち脳（神経系）」と「われわれの意識作用」の間にある関係は知られていない、と指摘した。しかしその間の神経化学的な

関係は、その後かなり知られるようになり、新規向精神薬の開発に結びついている。アメリカでは、このタイムラグの間に、多くの医学部精神科教授が精神分析の訓練を受けていたように、精神分析が興隆した。

　象徴的な転機は、詳細な操作的基準と多軸診断を導入した1980年のDSM-Ⅲが、同時に、病因論を含む「神経症」概念を取り除いたことである。「不安神経症」は「不安障害」、「強迫神経症」は「強迫性障害」と命名された。神経症的葛藤は病因の地位を降りたばかりでなく、記述から消え、研究の中心は動物モデルや画像を用いたものとなっていった。以下ではその推移を、「強迫神経症」を例に見てみよう。

2　「神経症」の行方

　「強迫」という精神現象は古くから知られていて、「本能的モノマニー」（Esquirol 1838）、「疑惑癖」（ファルレー 1866）、「強迫観念」（クラフト-エビンク 1867）などと記載されてきた。だがドイツ精神医学による神経症（Neurose）と精神病（Psychose）という大別が成立する以前の概念は、混沌としている。フロイトは、ヒステリーをてんかんとの並行で発作型によって分類しようとして失敗したシャルコーの轍を踏まえて、観察記述の中で混同されているものを仕分け、より内在的な説明原理を導入した。その軸が「性」（sexuality）の次元である。

　フロイトは、神経症とされていた不安・恐怖・強迫・パニックの混在状態を整理して、後に、現実神経症と精神神経症に分類した。前者は、不安神経症（中絶性交）・神経衰弱（自慰）のように、現在の性的障害を起因とするもので、後者は、ヒステリー（外傷から心的葛藤へ）・恐怖症・強迫神経症のように、早期小児期の性的問題が関与しているとされる。観察記述に関して言えば、彼が「神経衰弱」と総称されてきた雑多な諸症状から抽出した「不安神経症」という疾患単位は、全般性不安障害およびパニック障害として今日でも一定の意義を有している。ドイツ精神医学は伝統的に精神分析の概念を忌避して、神経症の代わりに「異常体験反応」と概念化していたが、それは1952年のDSM-Ⅰで「強迫性反応」として採用された。1968年のDSM-Ⅱでは「強迫神経症」の概念が用いられているが、1980年のDSM-Ⅲ以後は、「強迫性障害」と

なっている。

　他方、フロイトによる機序の説明は、自然科学のようには成立しなかった。精神分析成立前後の説は、幼少期の性的経験・抑圧・防衛・事後効果と発症など、後の理論の骨子を含んでいたが、「誘惑理論」は彼自身によって放棄された。強迫神経症についての代表的な精神分析的研究は、「鼠男」の症例である。そこでは、反動形成・置き換えといった強迫的な防衛様式の内実が臨床的に捉えられた。また、彼は愛憎の葛藤とサディズムに注目し、肛門性愛論から精神－性発達図式を構想していった。これらはこころのモデルとして、隠喩的な豊かさをもたらしたが、症状形成の説明は、原理を変更しても首尾一貫させることができるので、「かのような」（als ob）説明という批判を受けた。

　実際、臨床的な成果は芳しいとばかりは言えなかったようである。「強迫神経症の素因」（1913）およびその時期の幾つかの論文で断片的に記載されていた重症の強迫患者ヒルシュフェルト夫人は、1908年10月から1914年7月まで、少なくとも1200時間以上、おそらくは1600時間以上フロイトの面接を受けたが、十分な改善は認められず、1922年に再訪した時には、精神科治療を勧められた。[3]

　その後の精神分析の流れを大きく俯瞰しよう。フロイトは「リビドー」概念を中心とした欲動論から出発したが、そうした探究では理解困難な精神現象に対して「ナルシシズム」、更に「死の欲動」といった概念を導入した。そこから、二つに大別される流れが生まれた。一つは、アンナ・フロイトを経由してアメリカで発展した自我心理学である。もう一つは、メラニー・クラインを代表とする内的世界のポジション論－対象関係論である。在り方は異なるがどちらも臨床的・理論的な進展によって、フロイトが想定した範囲を超えて精神分析の対象を拡張した。しかしそれは、個別の疾患に特異的な技法が発達したというより、精神分析固有の特性として理解の可能性を広げることで、自己理解と自己受容の改善をもたらし、ひいては多様な在り方の自己一致に基づく肯定に通じていったと考えられる。それを精神分析概念として叙述したのが、ビオンによる「コンテイニング」（包容：containing）である。また、現実との折り合いは重要であり、完全な治癒は場合によっては非現実的である。

　こうまとめると極論に聞こえたかもしれないが、委細を捨象して更に極端に

言えば、アメリカで一時隆盛を極めた精神分析は、心理現象全般を解明するかのように拡張された結果、心理学と地続きになってしまった観があった。文化自体が精神分析的な理解を同化し、抑圧や失錯行為は常識の一部と化した。神経症はむしろ正常の構造であり、精神的な葛藤が身体化されたり行動化されたりするという捉え方は、ごく自然なものとなった。その一方で、精神分析の脱理想化も進み、"洞察の言語化によるワークスルー"といったモデルが実態に即さないことも知られるようになった。治療の目標もまた穏便となり、例えば「パーソナリティ障害」(personality disorders) は何の動揺もない正常な人になるべくもなく、「パーソナリティ特性」(personality traits) を残すものであることが認められた。そして精神分析の最大の功績は、正常な発達過程を詳述したことだとされるに至った。

　他方、クラインそして対象関係論の流れは、出発の時点から強迫のような神経症症状の背景にある激しい攻撃性と被害の不安を含む無意識的空想に注目した。その出自は、アブラハムによるリビドーの発達段階論と彼が躁うつ病に見た「体内化」の機制にあり、クラインもまた固着の理論を維持して、後に「抑うつポジション」「妄想分裂ポジション」を提唱した際には、それぞれを鬱病・統合失調症の精神病理そして離乳期および生後3ヶ月までの心性だとした。しかしながら、時代の推移とともにそうした成因論的な結びつきは薄れ、患者の内的世界の理解を深めることに、重点は移っていった。そのような無意識の次元での交流は、精神分析的なアプローチとして今も精神科医療にもたらす独自の貢献である。

3　転移 - 逆転移関係から医者 - 患者関係の理解へ

　ここで付記しておきたいのは、対象関係論の逆転移研究や、クライン派の「正常な投影同一化」論が盛んになり始めた頃に、バリント (1981) がGP (General Practitioner：地域の外来診療担当医) を主な対象に行ない始めた、「バリント・グループ」の仕事である。その参加者はGPに限定されなくてもよいが、精神医療や臨床心理の専門家はむしろ加わらない。

　このグループでは、特に発表の順番を決めておかず、参加したひとりが口頭で、自分が話したい患者について数分間、既往歴や診断・治療・社会的状況な

どを述べる。それからグループメンバーは、基本的な事実関係に関して気になる点を質問する。それが数分で一通り終わると、症例提示者は身を引いて、情報も意見も追加しないようにして議論を聞く。他のメンバーたちは自由に話して構わないが、「バリント・リーダー」と言われるグループのリーダーは、メンバーたちの注意が、自分がその医師や患者ならばどう感じるか、医者患者関係についてどう考えるか、といった方向に向くように促す。その際に、症例提示者のやり方や理解への批判や、もっと良かった方法を探すことはしないようにする。討論の時間を 30 〜 40 分取ったところで、提示者はグループに加わり、その後実際に起きたことや、自分が考えていたことを述べ、みなの議論に応答する。提示者は最終的に、自分が取り上げた苦労している患者について、そしてその患者との関係について、新たな理解を得ることが多い。他のメンバーたちも、様々な視点や経験談を共有し、自分たちが気づかないうちに患者に巻き込まれる事態について理解を深める機会を得る。

このようなグループワークによって、提示者は新たな視点で症例を理解することができるだけでなく、自分が認識していなかった感情や想定によって動かされていたことに気づくことができる。精神分析の用語で言えば、逆転移の理解を通じた、患者受容の変化である。ただ、この方法は精神分析の専門家を養成するためのものではないし、専門的な医療技能を向上させるものでもない。その意味では用途が限定的であり、「医療面接」(medical interview) という形で普及しつつある現代的な医師患者関係の理解とは直結していない。また、その狙いは GP を助けることにあるが、GP は特定の医療制度の中で、プライマリーケアを担う存在である。バリント・グループは、GP が逆転移に左右されて患者を抱え過ぎたり拒否し過ぎたりすることなく、専門医療に適切に紹介できることを援助している。この特定の方法に限れば、そうした条件の下で理解されるが、それは精神分析的な理解が医療に浸透した形の一つと見ることができるだろう。

第3節　現代の精神医学の基本研修と専門医制度

　話を現代の精神医療に戻して、専門医の研修とその中での精神療法の位置について確認しよう。

1　精神科専門医の研修プログラム

　2005年度から実施されている日本精神神経学会による3年間の専門医研修は、専門医制度全般の変更によって今後は日本専門医機構の規定に従っていくことになるが、まだ実行はされておらず、専門的な部分の内容の大筋は継承されると思われる。以下では、同学会が定めたガイドラインを紹介しよう（日本精神神経学会 2006）。

　大項目は、以下のようである。そのそれぞれには、修得すべき〈一般目標〉と〈行動目標〉そして〈方法〉が定められている。

（1）　患者及び家族との面接
（2）　疾患の概念と病態の理解
（3）　診断（ICDに基づく。DSMなど国際的診断基準も知る）と治療計画
（4）　補助検査法（神経学的検査、心理検査、脳波、脳画像検査など）
（5）　薬物・身体療法
（6）　精神療法
（7）　心理社会的療法、精神科リハビリテーション、及び地域精神医療・保健・福祉
（8）　精神科救急
（9）　リエゾン・コンサルテーション精神医学
（10）　法と精神医学（鑑定、医療法、精神保健福祉法、心神喪失者等医療観察法、成年後見制度等）
（11）　医の倫理（人権の尊重とインフォームド・コンセント）
（12）　安全管理

これらの項目は、各精神科疾患（①統合失調症、②気分〈感情〉障害、③精神作用物質による精神及び行動の障害、④症状性を含む器質性精神障害〈認知症など〉、⑤児童・思春期精神障害、⑥神経症性障害、ストレス関連障害及び身体表現性障害、⑦成人の人格及び行動の障害）ごとに修得すべき細目があり、経験しなければならない症例数・提出すべき症例報告数が定められている。また、精神科医療の特性として、①救急・②行動制限、③地域医療、④合併症、コンサルテーション・リエゾンといった治療場面および①入院治療、②そのうちで医療保護入院、措置入院、応急入院という非自発的入院治療、③外来治療といった治療形態での経験も求められている。

　医療全般の前期研修を終えた研修医は、3年間の後期研修で基幹病院を中心としてローテートして、以上の項目を身に付けていく。詳細に関心がある場合は成書を参照していただくとして、「(6) 精神療法」について具体的に見よう。

2　「精神療法」の内容

　以下がその実際の記載である。

　(a)　**一般目標**　患者の心理を把握するとともに、治療者と患者の間に起こる心理的相互関係を理解し、適切な治療を行なうとともに、家族との協力関係を構築して、治療を促進する家族の潜在能力を大事にできる。また、集団の中の心理的な相互関係（力動）を理解し、治療的集団を組織してその力動について理解する。

　(b)　**行動目標**　①患者とより良い関係を築き、支持的精神療法が施行できる。②認知療法について説明できる。③症例によっては指導医の下に力動的精神療法を経験する。④森田療法、内観療法を理解できる。⑤家族関係の特徴を把握できる。⑥家族との協力関係を構築し、疾患教育ができる。⑦集団力動を理解できる。⑧治療的集団を組織することとその力動について把握できる。

　(c)　**方法**　①（神経症など）個人精神療法がとくに必要とされる患者を担当し、指導医より定期的に指導を受ける。②研修施設に精神療法を専門とする医師が不在の場合、他施設の医師ないしクリニカルサイコロジストより指導。助言を受ける。③絵画療法、レクリエーション療法、及び患者、医療スタッフのミーティング等を行っている場合、メンバーとして参加する。④自ら集団の

ミーティングの場を組織する。⑤指導医が家族と面接している様子を見学する。⑥家族と単独で面接し、その内容を指導医に報告して助言を受ける。⑦教材及びビデオを用いて学ぶ。

　「精神療法」は、何がそれを構成しているのか曖昧なので、今後明確な規定を求められていくと思われる。支持的精神療法を施行できること、及び家族関係を理解し協力関係を構築できることは、精神科医療の基本である。しかし普通に考えれば、それは医療全般の基本でもある。診断と治療に至る思考プロセスには精神科に独特のものがあり、それは一定の経験を積まなければ行使することは困難だが、そうした事情はどの診療科についても言うことができる。「外来通院精神療法」という保険請求は、その根拠が技術の特殊性にないならば、精神科患者に対処していること自体が評価されていることになるだろう。それで引き続き現在のように高得点を維持していくのかどうかは不明である。この疑念に対して精神科医から積極的に訴えるとしたら、支持的精神療法を含めて「精神療法」の内実を吟味し、その特殊性を明確にしていく必要がある。

　上記の「b 行動目標」では、②以降で、力動的精神療法を除いて専門化した治療法を「理解」できればよいとしている。この点は、海外の精神科専門医の必修項目と異なる。元々専門医制度は、海外の制度を参考にしている。「精神療法」の位置づけについて、イギリスの例を見よう。

3　より高度な専門性

　イギリスの専門医制度は、かつて複雑だった階層がむしろ簡素化されて、大きく中核訓練（Core Training）と専攻訓練（Specialty Training）の二段階からなる。日本の後期研修は内容的にはほぼ前者に該当するが、その上の段階は現在検討されているところである。イギリスでは更に進んだ専攻として、児童思春期精神医学・司法精神医学・一般成人精神医学・老年期精神医学・学習障害の精神医学・医療精神療法（Medical Psychotherapy）の六つの領域が、そして副専攻（Subspecialty）として物質濫用・リエゾン・リハビリテーションの三つの領域が認められている（日本では、精神科専門医に対する副専攻として、一括してサブスペシャルティと呼ばれている）。そのいくつかを研修することも珍しくはない。その第一段階である中核訓練の段階で、精神療法は以下のように位

置づけられている。[9]

　「患者について精神療法的な観点から考える能力は、すべての精神医学的ケアの提供の鍵となる特徴である。よって精神療法的な技能を発達させることは、中核的な精神科訓練の本質的な構成成分である。その主な目的は、心理学的に考えることを学ぶこと、精神医学における日常的な臨床実践のあらゆる側面への内省的で精神療法的なアプローチを取ることを学ぶこと、そして情動的な複雑さのより深い理解とともに患者に対応できることである。研修医は、基本的な介入を提供し、適切に患者を紹介し、治療を受けている患者と作業をできるように、様々な心理療法の様式について理解する必要がある。患者の精神療法を引き受けることは、心理学的な介入と戦略を提供する技術を得る、最も信頼できる方法である。精神療法の訓練は中核的な精神科訓練における、自己内省や高度なコミュニケーション技術を含む、他の普遍化可能で本質的な技術の発達に寄与することもできる」

　このように、「精神療法」には精神科医の技能として高い評価が与えられている。中核訓練でのその基本的な介入の研修は、具体的には①症例検討グループへの参加（1年目）、②精神療法を2例受け持つこと（1例は12から20セッション、もう1例は20セッション以上別種の精神療法で）と定められている。専攻訓練段階の「医療精神療法」（Medical Psychotherapy）の構成要素は、力動的（精神分析的）精神療法／対人関係療法・認知行動療法・システム論的家族療法であり、そのどれかを集中的に研修し、他の二つの精神療法の様式についても理解し何らかの経験をすることが求められる。力動的（精神分析的）精神療法の研修では、訓練期間中個人セラピーを受けることが義務づけられている。制度上は3年間での修得となっているが、実際には更に専門的な精神分析の訓練に入る人も少なくない。最終的には、診断・治療計画立案・治療の提供・症例の管理・危機対処・研修医の指導など、幅広い技能を身に付けたコンサルタントとして機能できることが目標である。

　日本でも名前が知られているタヴィストック・クリニックは、そうした専攻

訓練の機関の一つである。そこでは、様々な精神分析的臨床実践として、私が滞在したときは、週１回の精神療法数例と２例各１年半以上の週３回精神療法、40例以上の精神分析的アセスメント、３年間の集団療法が必修だった。教育研修の機会は、症例への個人・グループ・スーパーヴィジョンばかりでなく、ユニット・ミーティング、各種セミナー（文献講読、乳児観察、アセスメント、バリント・グループ、カップルセラピーなど）、主題別のワークショップ（ボーダーライン、摂食障害、トラウマなど）、成人部門以外のセミナー（乳児観察、自閉症……）参加、クリニック全体の月例学術集会などがあり、更には、効果研究などのリサーチが行なわれている。訓練生はこれらとは別に、クリニック外で週３回以上の個人セラピー／分析を訓練期間中受ける。こうした集中研修によって、精神分析的臨床の本質である、一定の設定の中での情動的接触と精神分析的交流を経験し、その理解を深めて治療的な介入を行なうことができるようになることが期待されている。但し、短期間で学べることは、実際には限られているため、専門医には、職業的に生涯にわたって研鑽を続けることが求められている。

第４節　精神分析的アセスメント――精神分析と精神医学の交差点

　最後に、精神分析的なアプローチの実例を、アセスメント過程から見ることにしよう。精神分析的なアセスメントについても様々な考え方とやり方があるが、ここでは、事実関係については診療情報提供書・既往歴のインテーク・質問紙表への答えなどによって、通常の問診で分かる程度のことを事前に情報収集した上で行なう方式を取り上げる。
　それとの対比として、先に通常の精神医学的面接について触れておく。精神医学において「面接」は、患者が受け身となって協力する臨床検査と違い、医師と患者が交流する基盤の上に成り立っている。そこでは、支持的・肯定的とされる雰囲気が基本である。また、患者固有の生活スタイルや将来への意向も尊重される事柄である。ただ、主要な目的の一つは、問題の精神医学的な見立

てであり狭い意味での診断である。よって主な作業は、そのために患者の自覚症状と他覚所見を集めて、既往歴・生活歴・家族歴と照合し、現在の生活の中でどのような性質の問題が生じているかを把握することである。大半の所見は、精神科医が持つ印象に基づいているという点では主観的に見えるだろうが、個々の特徴に関しては、注目すべき点を逃さなければ評価者間の不一致はかなり抑えられる。しかしそれらを総合的に理解するには、やはり或る種の想像力や構想力が必要であり、それには熟達度が影響する。

それに対して、精神分析的なアセスメントでは、精神分析的な観点から交流の質を吟味し、患者の内的世界がこのアプローチによって意味のある変化をもたらされる可能性があるかを、実践的に把握する作業である。それは、分析的なアプローチへの向き不向きを判定するという狭義の目的に留まらず、患者の特質を対象関係の観点から浮き彫りにしようとする。

ホブソン[6]は、同じく「うつ状態」で精神療法のためのアセスメントを受けることになった患者たちに、どのような点で個人差があるかを以下のように例示している。

1　A氏

A氏は40代初めの男性で、「不安と気分低下の症状」、すなわち熱中を感じたり表わしたりできず、自分自身と自分の達成したことへの全般にわたる不満足感のために紹介された。彼はあちらこちらを漂っていると言われていた。

A氏は定刻に到着した。彼はコーヒーを携えていた。面接室に入ると彼はコーヒーを置いて、面談の終わりまでに飲むつもりだと言い、それから私を見つめながら座って、初めは受身的にしていた。私は、彼が待っているように見えると言った。彼は、何を予想すべきなのか分からない、これはしたことがない、と言った。更に間を置いて私は、彼は私がリードするのを期待しているようだと言った。彼は、それは私の「戦術」で、起こるべきことを妨げないようにしているのだろうと思うと言った。彼は、私のアプローチを「難儀」に感じるが、同時に、何が起きているのかを何とか分かろうとしていると述べた。彼は、それで第6学年〔日本の高校3年生〕の時のことを思い出したと言った。彼はよくボール紙の筒を通して、他の人たちを見て観察した。目にするものは

不思議だ、と。

　私が彼の経験している不快な感触について述べると、彼は私が言ったことをほとんど退け、その場で起きていることの自分の理解について、抽象的でかなり凝った省察を一しきり述べた。彼は、専門家が自分について何と言うだろうか興味があってここに来た、と言った。私は、彼が私を、この状況の異例さにもかかわらず彼にほとんど手を差し伸べず、超然と彼を観察しているのを経験しているばかりでなく、彼の方も、彼を観察している私を観察していることを取り上げた。例えば、彼は私が自分に提供する可能性のあるものを予想して、それについて省察し「興味深い」と感じられるようにしていた。[6)]

　Ａ氏は自分のことで相談に来ているはずなのに、ほとんど個人的なことを述べず、むしろ知的好奇心のある観察者の立場に身を置いていることが分かるだろう。面接者はそれを、自分のフラストレーションの中に検証することができる。このコンサルテーション面接では、患者は面接者に近づくと遠ざかることを繰り返す中で、それが自分の「個人的で傷つきやすい部分」を守るためであることを感じるようになり、そのことを明らかにした精神分析的精神療法を求めるようになった。だからＡ氏は、防衛性を緩めて自分の脆弱さを伝える能力を示すことができた。詳しい記述はないが、彼の抑うつは、孤立を保とうとする自己愛の問題に関わる可能性がある。

2　Ｂ婦人

　「Ｂ婦人は、抑うつと対人関係の困難のためにクリニックへ送られた。彼女は、最初の面接時にはやって来なかった。再び紹介された時には、質問紙表を送り返さなかった。それから彼女は面接の開始予定時刻に電話をかけてきて、向かっている途中だが道に迷った、と伝言を残した。結局、彼女は15分遅れて到着した。
　エレベーターに彼女を出迎えに行くと、Ｂ婦人は私をホブソンさん（Mr）かホブソン先生（Dr）のどちらで呼ぶべきか言葉に詰まって、半ば目をそらした。部屋に入ると、彼女は幾分ぼんやりと私を見て、来る途中に考えていたことを言うべきなら、「麻痺」しているということだろう、と言った。彼女の機能様式はどこかおかしく、まるで（ここで彼女は身振りをした）彼女は或る水準では

生きているが、どこかおかしいところがあるようである（それが彼女自身の他の諸水準とは結びついていなかったことを含意していると私は思う）。彼女は、自分が何とか切り抜けているという点では、他の人たちのように「生き残り（survivor）」だが、それ以上のことはしていないと思う、と言った。

　私はこの面談で、似たことがどのように起きつつあると思われるかを取り上げた。私は、彼女は私が彼女から何を欲しているのか全く分からず——そしてこのことは彼女を明らかに落ち着かなくさせた——それで彼女は明瞭なことを、個人的になり過ぎずに提供しようとしている、と言った。彼女はこれに同意した。それからの約20分間に起きたことは、B婦人が何度も、うわべは明瞭だが、抽象的で個人的な深みに欠けている仕方で話そうとするということだった。私の促しに対して彼女が自分自身について話し始め、大陸から大陸へと移動することについて何か言ったが、それから沈黙してうつむいてしまった。彼女のこころは、全く機能していないように思われた」[6]。

　B婦人は、自己のまとまりを保つことがかなり困難で、それに相当のエネルギーを要しているようである。また、具象性と過敏さも示している。このように、B婦人は二次元的で象徴的な思考がどこまで可能なのか疑われるが、フォローアップ面接では、「感情の首尾一貫性と自分自身について考える能力」を示して、ホブソンに感銘を与えたという。アセスメントの過程は、奥行きや襞の在り方を確かめ、仮説を持ちつつ修正しながら進む探索である。面接者－患者間の微妙な相互作用は大きな手掛かりだが、ホブソンほど熟達していない立場としては、判断には生活史や心理検査の情報を加えることが必要な場合もあるだろう。逆に、予めそうした部分が認められていたとしても、コンサルテーション面接において生きた交流が可能ならば、精神分析的精神療法が取られる可能性がある。

3　C氏

　「彼は5分遅れて到着した。彼は握手しながら自信のなさそうな表情を私にして、それから直ちに、遅れて来たことを詫びた。彼は仕事用の質素な身なりをしていた。

彼は、私に質問するつもりがないことをすぐに心に刻んで、変えたいと願うことがあるので来ることになったことに話を移した。彼は心理療法を受けたことがあり、それは彼に洞察を与えたが、状況に対するこの「反応」を変えなかった。彼は続けて、自分が恐怖をいつも抱えていて、権威のある人たちに対して特にそうだと話した。彼は、おそらく自分の人生の目的を変えるか現状で我慢するべきだろうが、事態が変わって欲しいと言った。彼は自分の困難を「それ」と呼ぶと、次に「それ」をもっと広い領域に拡大して、彼がそれ（人生を意味する）がそれに値するかどうかを不思議に思う何度目かの時期に言及した。彼は、自分があまり社交的ではないと言った。

　この初期の段階でさえ私は、Ｃ氏が自分自身についてのうわべは重要そうな物事を、それらが重要かどうか態度を決めずに語ることに驚かされた。それらが彼にどう感じさせたのか、もっと言えば一体どんな意義があったのかを知るのは不可能だった。続けてＣ氏は、彼の母親の批判的な態度や父親が相対的に役に立たないことに強く影響を受けて、自分が葛藤や摩擦の回避を願うようになったことについて、どう理解するのか幾つかを私に語り始めた。しかしそれを越えては、彼は自分の困難を調整の問題と見なしがちだった。そして彼が後で表現したように、もしも彼が自分の状況に合理的な思考を適用できたら、事態を変えられるかもしれないのだった。

　［……］私は、大したことは起きておらず、事態は変わらないだろうと強く感じた。ここに至って、転移の中でも対人関係的な面でも、私たちは掴みどころのない世界の中で動けなくなっていた。

　私はこのことの一部を明言化して、私たちのやりとりの中で生じた特定の問題に私の言うことを、しっかりと据え付けるように最善を尽くした。例えば、私はＣ氏の最初の自己描写がいかに即物的だったかを述べた。それでも、と私は続けて、潜在的な深い不幸の感覚と絶望さえもあったこと——例えば、彼は将来の夢をどう持っていて、もしもそれが奪い取られたならば、何が彼に残るだろうか、と話した。少しの間、Ｃ氏は私が言っていることを心に留めたようであり、そしてその正しさを認めた。にもかかわらずその後起きたのは、Ｃ氏が抽象的な考えに戻ることばかりで、彼の感情の詳細に取り組むという潜在的に価値があることは、決して現実化しなかった」[6]。

表1-1　コンサルテーション面接課程の指標

〈紹介過程〉
　・患者は来たいのか。
　　①紹介者側の欲求（例：患者に圧倒されている）
　　②紹介者の空想（例：治療の理想化）
　　③患者が投影された別の人の一部（例：親やパートナーの諸側面）を抱えている。
　・患者は何を求めているのか。
　　①精神分析的精神療法との関係の明確化（例：精神疾患の理解と緩和、成長と発達の促進、症状の除去）
〈教育的側面〉
　・患者が経験する機会として、
　　①精神分析的アプローチ
　　②現在の問題の探求・理解・再公式化
〈精神分析的評価の中核的側面とその無意識の決定因子との取り組み〉
　・精神分析的定式化
　　①患者の中の子供との内的な関係
　　②傷ついた内的対象をどのように修復するか。
　　③防衛と否認の同定
〈評価の試行的側面〉
　・セッション中およびセッション間の反応を観察する（退行の可能性・破壊を含む）。
　・さまざまな防衛の解明を進める。
　・成長への可能性と意志
〈治療の推薦〉
　・推薦する治療を患者と協議する。
　・患者の必要性をサービスが提供できるものとすりあわせる。
　・その施設が適切な設定か、あるいは他の継続中の治療的作業があるとき、こちらを勧めるのか、現在のものを支持するのか。
　・患者を専門機関に紹介すべきか、あるいは訓練プログラムに可能な患者か。
〈紹介者への手紙〉
　・精神力動的説明と知見に基づいた助言

[Garelick 1994][5]

　C氏は、精神療法を申し込むためのコンサルテーション面接を希望したにもかかわらず、面接者が彼に、生きた交流を求め関わる部分を見出すことは困難だった。面接者は彼が自発的に話すままにするのではなく、解釈を通じて働き掛けている。また、面接の後半では彼の夢を聞いているが、それは何も起き難いことを示すものだった。それにしても、1回か2回のコンサルテーション面接で、精神療法への適応不適応を決定するのは、性急に思われるかもしれない。しかし、これは現時点での判断であり、別の機会に、今度はもっとコミットし

て求めるならば、再考されるだろう。現時点では、おそらく個人面接は治療者にも負担が大きいと思われる。あるいは、精神分析に関心がある人は、届き難い患者には面接の頻度を高めれば違う効果があるだろう、と期待するかもしれない。通常、発火点に至らないものは着火しないので、そこまで思うのならば何かが投影されているのか、それとも治療者の逆転移によるのか、よく見極める必要がある。

以上は、アセスメント作業のごく一部を紹介したに過ぎない。片言隻句から決めつけていると誤解されないように、詳しくは自らの方法の特殊性を述べたホブソンの著作をご覧いただきたい。ゲーリック[5]は、紹介状受理から報告作成までの、コンサルテーション面接過程の指標を要約している（表1-1）。

第5節　おわりに

精神分析の観点は、精神医療の中に或る程度浸透している。ただ、それは日常化しており、有効性を発揮するには、改めて自覚的に捉え直す必要がある。また、それは文化の一部に吸収され、生活の中で常識化している。精神分析的なアプローチが再起動するには、新たなフロンティアを要する。そこでは、医師も心理士も、同じ出発地点にいることだろう。本章では、その際に精神科医がどのような知識と経験を持ち合わせているのかを紹介した。これからの心理士／心理師は、精神分析的心理療法を行なう際に背景となる、自分の方法論と専門性を改めて確認する必要があるかもしれない。

文献

1）バリント、H.（1981）『プライマリ・ケアにおける心身医学——バリント・グループの実際』池見西次郎他訳、診断と治療社
2）Bion, W. R. (1962) *Learning from Experience.* Roman & Littlefieeld Publishers, Inc.〔福本修訳（1999）『精神分析の方法Ⅰ』法政大学出版局〕
3）Falzeder, E. (1994) My Grand-Patient, my Chief Tormentor：A Hitherto Unnoticed

Case of Freud's and the Consequences. *Psychoanal. Q.,* 63：297-331.

4) Freud, S.（1895）Studies on Hysteria. *SE*2.〔芝伸太郎訳「ヒステリー研究」『フロイト全集』第 2 巻、岩波書店、2008〕

5) Garelick, A.（1994）Psychotherapy Assessment: Theory and Practice. *Psychoanalytic Psychotherapy.,* 8：101-116.

6) Hobson, P.（2013）*Consultations in Psychoanalytic Psychotherapy,* Routledge.

7) 日本精神神経学会『精神科専門医制度　研修手帳』、2006

8) 尾崎紀夫、三村將、水野雅文、村井俊哉編『標準精神医学第 7 版』医学書院、2018

9) Royal College of Psychiatrists. A Competency Based Curriculum for Specialist Training inPsychiatry. https://www.rcpsych.ac.uk/pdf/Medical_Psychotherapy_Curriculum_May_2018.pdf

10) シュナイダー、K.『新版　臨床精神病理学』文光堂、2007

第2章
精神分析と小児科／児童精神科

木部　則雄

第1節　精神分析と小児科／児童精神科の歴史――子どもの精神分析

　精神分析は19世紀末にフロイトによって創案された神経症を中心とした治療法である。当時、精神科疾患に対しては収容施設での隔離、サナトリウムでの静養やショック療法などが行われており、有効な治療法はなかった。そのため、自由連想法を技法とした精神分析は欧米を中心に盛んに行われた。フロイト、およびそのグループに属した研究者や臨床家らは豊富な臨床実践から心理的な問題に関して、個人、集団を問わず、多くの心理学的なアイディア、治療技法などを提示した。その結果、精神医学、精神分析の理論は臨床心理学をはじめとした臨床心理学領域の基盤となり、現代にも大きな影響を与え続けている。精神分析は小児科／児童精神医学を形成する基礎理論の根幹の一つであり、その源でもある。本稿では、精神分析と小児科／児童精神医学に関連する歴史的な概観を記し、道標とする。

　フロイトは自らの不安発作の原因を自己分析し、それが母親を愛し、そのために父親を殺したいという無意識の願望によるものだと気づいた。そして、これは人類に普遍的な願望であると考え、ギリシャ神話のエディプス王の物語に倣って、エディプス・コンプレックスと名づけた。このエディプス・コンプレックスこそが、神経症の成り立ちを理解するうえでの中核概念であり、これを徹底操作（ワークスルー）することが精神分析の治療技法の中心となった。フロイトはこのエディプス・コンプレックスの年齢的な起源がどこにあるのか、そしてこれが実

際の子どもに存在するのかという観点から、子どもを対象とした精神分析に関心を抱いた。その後、フロイトは知人の子ども「ハンス」[4]が恐怖症で外出困難になっていることに対して、精神分析のエディプス論に則って父親を指導し、間接的にではあるが、ハンスの恐怖症を治癒させた。

　フロイトはエディプス・コンプレックスを中心に子どもの発達理論を打ち立て、各々の精神科疾患は子どもの発達段階への固着であると主張した。またフロイトはその発達理論を展開させ、どの時点に固着点があるのかによって精神疾患が規定され、性格特質までもが形成されると説明した。そして、この後にブロスはエディプス・コンプレックスを思春期に適応させ、思春期論を展開した。

　一方、フロイトが関心を抱いた子どもの精神分析は、1920年代になりフロイトの娘であるアンナ・フロイトと、ブダペストに住むフロイトの愛弟子のフェレンツィから精神分析を受けたメラニー・クラインに受け継がれることとなった。フロイトの発達論はエディプス・コンプレックスを中心としたものであり、あくまでも父子関係中心の発達論であったが、アンナ・フロイトとメラニー・クラインはともに、直接子どもを対象にして精神分析を行い、乳幼児期の母子関係へと人々の関心を導いた。しかし、双方の理論の隔たりは大きく、その意見の一致をみることはなかった。

　アンナ・フロイトは子どもの臨床実践にもとづき、子どもの防衛の発達、発達ラインなどの理論化を行い、自我心理学の礎を築いた[5]。しかし、アンナ・フロイトは、エディプス期が終了する10歳以後でなければ精神分析の適応はできないと考えた。それは、アンナ・フロイトが子どもは両親、とくに母親の影響が大きく、転移が生じることはなく、また、子どもの遊びに深い意味はないととらえ、転移解釈を中心とする自由連想を技法とした精神分析を行うことはできず、子どもと仲良く遊び、陽性転移を形成し、環境の整備を行うことが重要であると考えたためでもあった。

　これに対して、メラニー・クラインは幼い子どもであっても、子どもの遊びは自由連想法の言語に相当する無意識の表現であり、自由連想を適応することができること、また子どもにおいても十分に転移が生じること、遊びに表現された子どもの無意識的不安を解釈していけば症状が改善することをアンナ・フ

ロイトとの論争で立証した。これに際して、クラインはフロイトのエディプス・コンプレックスに先立つ早期エディプス状況、早期超自我という概念を理論化した。これはフロイトの見解と対峙することとなり、大きな論争となったために、クラインは1928年に大陸から追われるようにイギリスに移住した。イギリスに移住後のクラインは自説を展開し、ボウルビィ、ウィニコットなど当時のイギリスの代表的な児童精神科医、スーザン・アイザックス（Issacs, S.）などの教育者をはじめとして多くの理解を得られるようになった。そして、イギリスではウィーンと異なり、エディプス・コンプレックスという概念が中核に据えていた父子関係より、母子関係が精神分析の中心的な探求課題となっていった。

　また、精神分析の世界におけるこうした父子関係から母子関係への関心のシフトは第一次世界大戦後の戦争孤児などの社会問題とも関連していた。同時に、この時代はヒトラーの台頭により、ユダヤ人が中心となっている精神分析のメンバーが危機にさらされるようになった。この前後、スピッツ、マーガレット・マーラー、エリクソンなどのウィーンですでに著名であった児童精神科医、精神分析家はアメリカに移住した。こうした歴史の偶然によって、ウィーンにいたフロイトから直接的に影響を受けた分析家たちがアメリカで活躍することとなった。スピッツは乳幼児の研究に励み、乳幼児の発達研究の基礎を築き、現代の乳幼児精神医学に大きな貢献を果たした。マーラーはアメリカ亡命後、自閉症や小児精神病の研究に勤しみ、母子一体の激しい共生状態を示す共生精神病という概念を提示した。その後、当時は画期的であった8ミリビデオを使用した健康な母子関係の実証的研究を行った。この結果は「分離・個体化理論」として一世を風靡した。

　さて、ここでいったん時代は遡るが、ヒトラーは1938年にウィーンを侵略し、フロイト一家にも危機が迫った。当初、フロイトはウィーンにとどまることを希望したが、アーネスト・ジョーンズ（Jones, E.）ら多くの人からの説得を受け、一家とともにロンドンに亡命した。その翌年、持病ともなっていた上顎癌によって、亡くなった。ロンドンには、当時フロイト一家だけでなく、すでにウィーンから亡命した分析家も多く移住していた。ここで歴史のいたずらでもあるが、アンナ・フロイトとクラインが鉢合わせすることになり、第二次

世界大戦中の 1941 年からウィーン学派とロンドン学派の「大論争」が展開された。これはクライン派の精神分析理論が伝統的な精神分析を逸脱していないかどうかという裁判のような内容であった。このとき、クライン派は早期の乳幼児、母子関係への臨床研究の成果を十分に蓄積しており、こうした乳幼児の心的世界を臨床実践的観点から論じたため、ウィーン学派の分析家は納得せざるをえない状況となった。とくに、ボウルビィ、ウィニコットはクライン派の理論を支持し、この論争の結末に大きな役割を担った。そしてこの大論争後は、英国精神分析協会内はフロイト派（自我心理学派）、クライン派、中間派（独立派）の三派に分かれ、各学派は相互交流を行うことなく、それぞれの分析家を育成した。その後、ボウルビィはクラインと袂を分かち、アンナ・フロイトとの共同研究に乗り出し、愛着理論を確立した。[3] 愛着理論は自我心理学の研究の中心となり、エインズワースほかのストレンジ・シチュエーションによって分類された子どもの愛着パターンやメアリー・メイン（Main, M.）の成人愛着面接（AAI）による大人の愛着パターン[1]を用いた実証的研究、更に両者を用いての愛着パターンの世代間伝達や縦断研究などの展開をみせている。また、ウィニコットは移行対象の概念の提出によって、クラインと別れ、独立派の重要な精神分析家となった。

第 2 節　現代の小児科／児童精神科での精神分析の意義

1　はじめに

　本章では小児科／児童精神科の臨床実践を行う上で、子どもの精神分析を学ぶことの現代の意義に関して論考する。子どもの精神分析はクライン、アンナ・フロイトらの臨床実践、理論構成などによって大きな発展を為し、現代でもその役割や影響力は失われているわけではない。しかし、精神分析の実践においてひとりのクライアントに要する時間や期間、費用などのコストを考えると、小児科／児童精神科の外来診療でこれを適応することは一般的に困難である。ウィニコットはスクイッグルを用いてこうした問題に取り組み、この集大成は『*Therapeutic Consultation in Child Psychiatry*』（邦題『新版　子どもの

治療相談面接[16]』）として周知されている。この実践は小児科の領域での臨床実践で行われ、序文にその経緯と技法が記述されている。ウィニコットは初回面接に特別な価値があることを見出し、精神分析や心理療法と区別するためにそれを「治療相談」と名付けた。精神分析を小児科／児童精神医学の実践に直接的に適応することは困難な課題であるが、初回面接を十分に活用することによって、子どもの心的世界を理解することが重要であることを例証して、その意義を強調した。ここでの理解は知的理解でなく、子どもの情緒を共感的に知ることであり、精神分析理解である。

　ウィニコットの子どものこころの理解というのは、どのような精神分析の形式であっても臨床実践での治療者の基本である[16]。私はウィニコットのスクイッグル技法でなく、初回面接時に病歴を語る保護者を背景にして子どもが自由に描く描画の重要性に注目した[8]。この「自由描画法」によって、ウィニコットと同じように数回の診療で症状の改善と心的世界の変化を認めたことを報告した。この自由描画法はスクイッグルのような治療者の絵心と卓越した理解力を必要とせず、より簡便な方法である。

　現代の小児科／児童精神科の臨床ではエディプス葛藤や去勢不安といったテーマがほとんど見られなくなり、発達障害や虐待に関連した子どもたちの外来受診が増え、数回の面接で問題解決に至ることは稀となった。更に、家族の変化や崩壊が急速に進み、子どもをめぐる環境の悪化は著しく、週1回の面接に継続的に子どもを連れてくる保護者も激減している。ウィニコットの時代と異なるのは、薬物療法の進歩である。ここでは、薬物療法を併用した小児科／児童精神科の一般診療であっても、精神分析的理解が発達障害の子どもの心的発達に貢献できることを論じる。

2　症例D[11]——悪天候の中で虹のシェルターに守られる女の子

　本症例は精神科クリニックを受診し、当初2回の50分間のアセスメント面接とフィードバック面接が行われた。その後、当初毎週、3ヶ月後より隔週、半年後より月に一回の15分間の一般科診療を行い、現在まで継続している。

1) 初診時

　小学校のスクールカウンセラーからの紹介でクリニックを初診する。本児は小学校低学年の女児であり、両親、父親に抱かれている生後8ヶ月の妹と一緒に入室する。主訴は両親が一覧にまとめて持参する。集団行動ができず、日常生活のルールが守れない。常に反抗的で自宅でのトラブルが連日あり、色々な事を諦めていてやらないというものであった。両親は本児が保育園の頃からの集団不適応、生活態度を気にかけていた。小学校入学後、集団不適応などの問題行動が多くなり、連日のように担任教師から電話連絡があった。更に、トイレに失敗したり、外出を怖がったりするようになった。本児は帰宅すると些細なことで数時間以上に及ぶ不穏状態に陥り、常に反抗的であり、投げやりで養育していく上で両親は大きな不安を感じるということが記載されていた。両親の服装はともにカジュアルであり、中肉中背の人懐っこい感じのする人たちであった。父親は胸に妹を抱き、妹はすやすや寝ていて、面接中ずっと静かだった。本児はカラフルな服装をしているが、その表情、目付きとも険しく、眼鏡をかけていた。本児は私を危険な獣を見るかのような目付きをして、非常に警戒的であった。更にとても頑なな態度で、一切のコミュニケーションは拒否された。

　私は母親に問題について尋ねた。母親はかなりの切迫感を交えながら、本児は毎日癇癪を起し、怒って指示に従うことなく、しばしば逆切れして、毎日パニックを起こして何時間でも泣きわめく、ふてくされて一切家族と関わりを持たない。更に、食事すらも拒否して体重が減少し、睡眠もかなり不安定であった。私は不謹慎であるが何となく愉快そうに聞いていた。母親は本児に向かって、「まったく言うことを聞かないよね」と皮肉交じりに伝えると、本児は「いつもママは怒ってばっかり」と私の方を向いて、小声で答えた。私はそれ相応なコミュニケーションができることを確認できた。私は本児に画用紙を渡し、まず自分の好きな木を描いて欲しいと指示すると、Dは渋々ながら部屋の窓際に行き、絵を描きだした。母親は人の気持ちを理解したり、まったく思いやったりできないし、人の話には平然と割り込んでくると付け加えた。生育歴として、妊娠出産には問題なかったが、母親は出産直前まで仕事を行い、産後数週で復職した。本児は3歳までまったく手が掛からず、とても大人しく育て

易かった。保育園には生後半年から預けたが、当初から泣くことなく、人見知りもまったくなかった。保育園年中まで、誰かれかまわず誘われれば一緒に遊んでいたようであり、特に保育園から連絡もなかった。この頃に引っ越し、家業が多忙であり、十分に本児に注意を向けることはでき

図2-1　バウムテスト　これは何の木でしょうか

なかった。本児はひとり遊びが多く、自宅で問題はなかった。保育園の年中より、集団行動を嫌うようになり、例えば学芸会の練習には参加するが、本番の出演は拒否するようになった。本人は「私はできるから、いいんだよ」と答えていたようであった。

　この時に、本児は絵（図2-1）が完成したようであり、私は茫然と立ち上がった本児に絵を見せて欲しいと促した。私はモミの木のような木が2本描かれている絵を見ながら、本児の伝えたいことについて思いを馳せた。その後、私は〈これってクリスマスツリーみたいだね。サンタクロースは来たのかな〉と伝えた。本児はぎくっとした感じで、母親は含み笑いをした。母親は些細なことでトラブルの後に、「サンタは来ないよ」と怒ったら、本人は「そんなのいらない」と嘯（うそぶ）いたために、去年は何もなかったと語った。本児は冷静さを取り戻し、下を向きながら何も語らなかった。私は〈何か欲しいものがあったのかな〉と尋ねたが、本児は当惑したようであった。母親は本児には欲しいものは一切なく、困らないのではないかと語った。私は〈サンタ来なくて残念で悔しかったね〉と本人に伝えると、本人は俯きながら小さく頷いたようだった。私は別の画用紙を手渡し、好きな絵を描いて欲しいと伝えて、本児ははにかんだ笑顔で了解した。

　私は本児の日常生活について尋ねた。母親によれば、学校からいつも不機嫌な様子で帰宅して、嫌々ながら宿題をして、些細なことで一悶着を起こす。他児への関心はなく、友だちもいないので誰かと一緒に遊ぶこともなく、自宅で

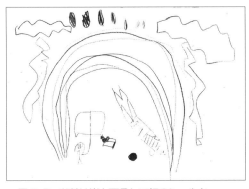
図2-2　お外は嵐と雨そして虹のシェルター

シルバニア・ファミリーのようなドールハウスを使ってひとりで物語を作って遊ぶか、読書をしているということであった。また、外出を怖がり、いつも自宅にいるということであった。妹は9ヶ月ほど前に誕生したが、今もほとんど関心がなく、無視に近い状態であった。

　本児は絵（図2-2）を完成させた。私はこの絵に関していくつかの質問をした。この人物は同定されず、外の世界は雨、雷の悪天候の中、虹のシェルターに囲まれて、魚（ゲーム「ツムツム」のキャラクター）とその子は更に傘をさしている。私は〈あれあれ、この子はお外が嵐で怖くて外に出ることができないね。学校もお家も嵐みたいなものかもしれないね。だけど、このお魚と一緒だからひとりでも寂しくないということかな〉と伝えた。母親はやや唖然として、更に納得したかのような表情を浮かべていた。本児は自分のバッグについているツムツムの小さなぬいぐるみを私に見せた。私は、〈そうか、ツムツムは一緒だね〉と伝えた。私は一先ず、この親子関係の悪循環解消のための対処を考えるために、公的機関の心理検査の結果を待って、今後のことを一緒に考えましょうと両親と本児に説明して初回アセスメント面接を終了した。

2）　2回目アセスメント面接（初診3週間後）

　母親とふたりで受診した。本児は初回よりリラックスした雰囲気ではあるが、まだ警戒心が感じられた。母親は公的機関で行ったWISC-Ⅳの結果を持参した。私はこの結果に基本的に問題のないこと、ただし、頭での理解はとても優秀であるものの、板書や授業を集中して聞くことがやや苦手であり、授業中はストレスかもしれないことを伝えた。母親は授業中の態度は相変わらずで、行動を制止するとパニックを起こして、担任教師は頭を抱えているということだった。本児は「馬鹿にされてるんだよ」と呟いて、母親に言い訳をしている

かのようだった。両親は家業に忙しく、放課後とか週末も継続的に本児を連れてくることは困難であることを語った。私は緊急対応という意味も含めて、薬物療法（Risperidone 0.25mg）を開始した。

3） 3回目フィードバック面接（2回目の2週間後）

母親とふたりで受診する。本児の自宅での癇癪は軽減し、穏やかになってきた感じがすると母親は報告した。担任教師はどこでスイッチが入るか分からないと相変わらずの状況であった。私は今まで本児と母親に親密な密着感を垣間見ることもなかったために、母親に甘えることがあるかどうか尋ねた。本児は絵を描きながら、その話を聞いていた。母親は「甘えるなんて、そう言えば昔から考えもしなかったですね。まったく小さい時から、そんなことはなかったです」と話すと、本児は絵を描きながら、「べたべたするのは失礼でしょう」と横から答えた。私は〈へぇー、そうなんだ〉と驚きを隠さずに答えた。この後の本児の絵（図2-3）は、初めて動物の母親と子ども、そして小さな赤ん坊であった。私は〈兎はママ、熊は君のことで、そしてこのちびは妹だね〉と伝えたが、本児は首を振った。私は〈そうか、だけどきっと熊さんは兎さんに甘えるかな？〉と尋ねると、本人は肯定した。私は精神分析的心理療法が最適であると思うが、当面、薬物療法を併用しながら本児の一般診療を通してその気持ちの理解を行うことを伝えた。

その後、15分間の児童精神科の一般診療で、本児の描画の理解を中心に診療を継続した。本児は今までより早く寝るようになり、睡眠は良好となり、食欲も改善し、体重も元に戻ってきた。当初、まったく妹への関心はなかったが、この関心が生じ、時々であるが母親の手伝いもすることができるようになったということであった。更に、初診4ヶ月後、本児はショッピングセンターで泣いている本児と母親と妹の絵（図2-4）を描いた。母親

図2-3　私じゃない熊とママと妹

図2-4　私が、私が欲しいもの

図2-5　窓の外の虹

図2-6　サマーバケーションのつもり

に生まれて初めておもちゃを欲しがり、おもちゃ屋さんで駄々をこねて泣き出したことが報告された。この時には、描画に描かれている人物を初めて自分自身と同定することができた。初診6ヶ月後に、本児は自分が参加している授業中の教室、その窓の外の虹がある絵（図2-5）を描いた。私は、〈ここに最初に来た時のことを覚えているかな。虹はあなたを守る殻みたいだったけど、今は殻はいらなくなったのかな〉と尋ねた。本児はこれに返答することなく「まど」と書き加えた。この頃には、本児の学校での問題行動はなくなり、適応的には問題がなくなっていた。4回目以後、毎週、隔週の診療から、初診半年後には月1回の診療となった。初診1年後、クリスマスのシーズンでは、私はサンタクロースに言及すると、本児はクリスマスプレゼントの絵を描き、欲しいものをサンタからもらったことを恥ずかしそうに報告した。母親はやっと子どもらしくなってきたと感想を述べて、自分がもっと手をかけてあげればよかったんですねとしみじ

みと語った。

　初診一年半後のある診療では、本児は私の顔を見て、「先生、日に焼けていなくて、どこにも夏休みで行けていないでしょう」と語り、私が浜辺でビーチチェアに横たわっている絵（図2-6）を描いた。本児は「これで、ちょっと海に行った気分になって」とにこにこして語った。私はこの絵を見ながら、本児の思いやりの能力を実感した。

第3節　本症例の治療経過の考察

　本児は精神医学的に生育歴、現病歴、心的世界の内容からすれば、DSM‐5の自閉スペクトラム症あるいは社会コミュニケーション障害と診断できる。他の医療機関では自閉スペクトラム症と診断されている。しかし、こうした医学的診断は本児の心的世界の理解や治療に役立つことは殆どない。

　本児は初回面接で、当初言語コミュニケーションを拒否する一方、描画では私に連想の余地を残し、一定のコミュニケーションを為すことができた。本児はモミの木のような木を描き、私はそれからクリスマスツリーを連想し、それに言及した。これはクリスマスプレゼントのエピソードの話題を導き、一時であったが円滑なコミュニケーションが成立した。この時、私は本児の世界を情緒的に理解し、クリスマスプレゼントの悔しさを明確にした。しかし、その後本児は最後に虹のシェルターに囲まれて、コミュニケーションを拒絶したように、あたかも子宮内にいるかのような人物像を描いた。ツムツムは本児の世界に引き込まれた私自身のようであった。本児はこの人物が誰であるのか同定することはできなかった。私は本児の心的世界に関する可能な限りの理解を伝え、この理解に関する本児の反応を見ることにした。本児にとって外的世界は嵐であり、その嵐から虹というシェルターに守られているが、その内面は胎児のように脆弱である本児がいると理解された。しかし、虹は嵐と同時に見えることはなく、虹のシェルターという使用法は本来の意味と異なり、倒錯的でもある。また、本児は自分自身を同定することはできなかった。これは本児が未だに胎児状態であり、母子一体化という空想の中にいることを明示していた。

2回目の面接では、初回面接での理解を伝えたことには実際の効果は乏しく、本児の問題は解決することなく、行動はまったく改善しなかった。ただし、本児が被害感を言語化できたことは大きな展開であった。本児には描画、言語ともに表現力は十分であり、一定の象徴化する能力もあり、精神分析的心理療法の適応であると思われたが、現実的に両親の家業は多忙であり、定期的に連れてくることができなかった。本児の心的世界は自閉的なひきこもりによるコミュニケーションの拒否と被害感であり、数回の面接での症状の改善は困難であると思われた。こうした観点から、本児への薬物療法を開始することにした。

　3回目のフィードバック面接を含めて、それ以後の面接は一般診療枠での診察となった。薬物療法は一定の効果を示し、特に自宅での癇癪などは軽減した。本児は15分の診療の枠組みの中で必ず描画を描いた。私はその都度、こうした描画を理解して伝えるという作業を繰り返した。その後、本児は自らの描画の中に自分自身を同定することができるようになると、初めて自分の欲しいものを認識し、母親にねだることができた。本児は初めて他者と分化した自己という意識が誕生したかのようであった。本児は胎児のような母子一体化空想から、母親と分離した存在として認識することができたと思われた。

　この後、本児は妹の存在、学校生活、友だち関係に関する描画を描いた。これは成人が精神科診療で言語によって語ることと変わりないものであった。本児は四苦八苦しながら、現実生活に適応していることが理解された。初診後、1年半後に私の顔色を見て、海辺でバケーションを過ごす絵を描いたことは本児の大きな進歩であり、他者への気遣いが認められるようになった。

　こうした本児の心的成長は精神分析的心理療法を行うことはできなかったが、こうした児童精神科の臨床実践でもこれに相当する成果が達成されたものと考えられる。

第4節　考察

　ウィニコットは『子どもの治療相談面接』[16]の序文で、いくつかの重要なポイントを指摘している。ひとつは主観的対象という概念であり、子どもには予め

抱いている治療者への先入観があることをウィニコットは記述している。この主観的対象として治療者が機能できるのは、2、3回の面接しかなく、これを神聖な時期だとしている。治療者はクライアントの一部でもあり、こうした心的状況であれば、転移解釈は控えるべきであることも語っている。本児は夢を報告することはなかったが、本児にとって治療者は特別な転移対象ではなく、本児の願望内のサンタクロースといった普遍的な存在であったようである。本児の描いた木から、治療者がクリスマスを想起したことは、治療者自身も本児の一部であったように感じる。ウィニコットのもうひとつの重要な指摘は、初回面接で子どもの心的世界を理解することである。子どもにとって、理解されることは子どもが困難を克服することの最大の援助となり、発達過程を促進することになると記述している。治療者は本児の心的世界について理解を伝えたが、本児は嵐の中で引きこもることになったが、これについても理解を伝えた。アルヴァレズ[2]は病態によって異なる解釈レベルに関して整理している。アルヴァレズによれば、複線思考ができず、象徴形成に関する能力が不十分な病態である場合には、理解を伝え意味を与えそれを拡げる記述的解釈が適切であるとしている。これは治療者の存在が主観的対象である初回から数回の面接、あるいは自閉症等の複線思考が不十分な時には、転移解釈よりも治療的であると思われる。本児への解釈はこのレベルの継続であり、転移解釈を用いることはなかった。更に、ウィニコットは治療相談を楽しむことを強調しているが、これは対処不能に陥っている子ども、家族に安心と考える空間を提供することになる。本症例では治療者だけでなく、本児にとっても診療は楽しいものであった。こうしたウィニコットの指摘は日々の臨床実践でも実感することであり、こうした治療態度は時代を超えて基本的かつ重要なものである。

　こうした治療態度の本質は変わりないものの、小児科／児童精神医学の臨床場面に登場する子どもたちには大きな変化がある。ウィニコットの時代にはエディプス葛藤や経済的貧困などの逆境がテーマとなっていた。葛藤がテーマとなっている症例では数回の面接で、ウィニコットの症例のように回復し終了に至る。しかし、発達障害や被虐待児などではその後の心理療法や薬物療法が必要になってきている。ウィニコットの症例の中にも、おそらく自閉スペクトラム症と判断できる症例もあるが、ウィニコットは自閉症の本質的問題でなく、

二次的なトラウマ体験を整理することで一定の成果を収めている[9)10)14)]。こうした観点は重要なものであるが、本症例のように発達障害のテーマそのもの、つまり根本的なコミュニケーションの拒否ということが問題であり、治療者にこの世界の理解はできるものの、本人にこの解釈や理解も数回の面接では取り入れることはできない。この理解を伝える作業は、数回の面接だけでは不十分であり、本症例のように継続的な診療での反復的な作業を要する。

　更に、小児科／児童精神科の臨床場面では、本症例のように全体の状況が切迫し、興奮状態などの緊急介入が必要なことが多い。こうした際に、この数年来、非定型抗精神病薬の効果が認められるようになった。リスペリドン（Risperidone）、アリピプラゾール（Aripiprazole）は自閉スペクトラム症の易刺激性を軽減し、その結果、問題行動を減らし、コミュニケーション能力を向上させ、心理療法や現実適応のサポートになることも多い。本症例では、リスペリドンは本児の自宅での不穏行動を軽減させ適応行動を援助したことは確実であった。しかし、薬物療法そのものが本質的な心的世界の変化を導くわけではなく、治療者の治療態度は変えることなく、本児の心的世界の理解を継続的に行った。自閉スペクトラム症の子どもへの薬物療法は、今後、精神分析的心理療法の有効な援助手段となると思われた。

　最後に、精神分析的心理療法は、一般的に週に最低1回の面接が必要であると考えられている。治療構造の上で、成人と最も異なるのは子どもを治療に連れてくる人が必要なことである。これは精神分析的心理療法の最低限の治療構造である。ウィニコットの症例の中には、遠距離であることなどの理由によって定期的な精神分析的心理療法に連れてくることができない症例が含まれている。現代社会の家族形態の変化は、この十数年で目まぐるしいものがある。戦後の高度成長時代を通して大家族から核家族、更に離婚率の高さから主に母子家庭などのひとり親世帯が急増している。この問題と付随し、十分なケアを与えられない子どもの貧困と言われる社会現象にも至っている。また、近年は共働き世帯も急増し、大都市であればあるほど、こうした世帯の多さを実感する。本児の両親は乳児と認知症の老人を抱えた共働き世帯であり、現実的に週に一回、通院時間も含めて継続的に半日を費やすことは不可能であった。これはこの家族だけでなく、昨今の子どもをとり巻く平均的な環境の実体のように思わ

れる。発達障害を基盤とした病理のある子どもの精神分析的心理療法は、短期間では終結することはできず、数年間の定期的な面接を要する。こうした子どもの精神分析的アセスメントは、子ども自身の対象関係だけでなく、保護者の評価が必須である。これは保護者の理不尽な要望によって、精神分析的心理療法の中断を防ぐことが必須である。ウィニコットの1、2回のコンサルテーション・オン・ディマンドという相談形式は、現代社会の小児科／児童精神医学において精神分析的介入の最も現実的な対処方法であると考えられる。それに際して、薬物療法の併用を含め、子どもの心的世界を精神分析的に理解し続けることが、発達障害などの現代の子どもに対する有効な小児科／児童精神科の臨床で有効であると言えるだろう。

文献

1）Ainsworth, M. D. S., Blehar, M. C., Waters, E. & Wall, S. (1978) *Patterns of Attachment : A psychological Study of the Strange Situation*. Hillsdale, N. J. Lawrence Erlbaum Associates.
2）Alvarez, A. (2012) *The Thinking Heart : Three Levels of Psychoanalytic Therapy with Disturbed Children*. London：Routledge.〔脇谷順子監訳『子どものこころの生きた理解に向けて——発達障害・被虐待児との心理療法の3つのレベル』金剛出版、2017〕
3）Bowlby, J. (1969, 1969-1980, 1973) *Attachment of Loss*. Vol. 1, 2, 3. New York：Basic books.〔黒田実郎他訳『母子関係の理論』Ⅰ・Ⅱ・Ⅲ、岩崎学術出版社、1976・1977・1981〕
4）Freud, S. (1909) Analysis of a Phobia in a Five-year Old Boy. *S. E. 10*.〔高橋義孝、野田倬訳『フロイト著作集5 ある五歳児の恐怖症分析』人文書院、1969〕
5）Freud, A. (1946) *The Psychoanalytical Treatment of Children*. London：Imago Pub.〔北見芳雄、佐藤紀子訳『児童分析——教育と精神分析療法入門』誠信書房、1961〕
6）Klein, M. (1927a) Symposium on Child Analysis. *International Journal of Psychoanalysis*, 7. In The Writings of Melanie Klein：I. London：The Hogarth Press.〔遠矢尋樹訳「児童分析に関するシンポジウム」『メラニー・クライン著作集1 子どもの心的発達』誠信書房、1983〕
7）Klein, M. (1927b) *The Writing of Melanie Klein*, Vol. 1. London：Hogarth Press〔西園昌久、牛島定信監訳『子どもの心的発達 メラニー・クライン著作集1』誠信書房、1983〕
8）木部則雄『こどもの精神分析——クライン派・対象関係論からのアプローチ』岩崎学術出版社、2006
9）木部則雄「ウィニコットは自閉症をかく語りき——『子どもの治療相談面接』の「症例

ボブ」より」『白百合女子大学発達臨床センター紀要』14：3-19、2011

10）木部則雄『こどもの精神分析Ⅱ——クライン派による現代のこどもへのアプローチ』岩崎学術出版社、2012

11）木部則雄「子どもの精神分析／精神医学——現代の子どもの治療相談」『精神分析研究』Vol. 62. 1. 21-31、2018

12）Mahler, M.（1952）On Child Psychosis and Schizophrenia：Autistic and Symbiotic Infantile psychosis. The Psychoanalytic Study of the Child 7.

13）Mahler, M. S., Pine, F., & Bergman, A.（1975）*The Psychological Birth of The Human Infant*. New York：Basic Books.〔高橋雅士、織田正美、浜畑紀訳『乳幼児の心理的誕生——母子共生と個体化』黎明書房、1981〕

14）Winnicott, D. W.（1966）Autism. In Shepherd, R. et al. eds.（1996）*Thinking about Children*. London：Karnac Books.

15）Winnicott, D. W.（1951）Transitional Object and Transitional Phenomena. *International Journal of Psychoanalysis*, 34. In *Playing and Reality*. London：Tavistock.〔橋本雅雄訳「移行対象と現実」『遊ぶことと現実』岩崎学術出版社、1979〕

16）Winnicott, D. W.（1971）*Therapeutic Consultation in Child Psychiatry*. London：Hogarth Press〔橋本雅雄、大矢泰士監訳『新版　子どもの治療相談面接』岩崎学術出版社、2011〕

第Ⅱ部　子どもと精神分析

第3章
精神分析的発達論

木部　則雄

　精神分析はフロイトのエディプス・コンプレックスの発見から、多数の発達論がある。ここに代表的な発達論を紹介するが、これはあくまでも理論であり、私たちの臨床のケースを思慮する際の道標となることを期待する。

第1節　フロイトの精神・性的発達論

　ジークムント・フロイト（Sigmund Freud）は自由連想法による精神分析の臨床実践を精力的に行ううちに、神経症、精神病などは発達の早期への固着によって形成されると考えるに至った。そのために、フロイト以後の精神分析理論の中心は親子関係を重視した発達論となり、そこから得られた知見は現在の発達心理学にも大きな貢献をなしている。

　フロイトは精神分析の根幹となるエディプス・コンプレックスを幼児性欲という概念で包括し、性衝動（リビドー）の発達を重視した[15]。子どもに性欲があるという学説は当時、多くの批判を浴びることになったが、これは子どもが性行為による快感を求めているというわけでなく、子どもがそれぞれの発達段階で快を感じる身体部位を規定したものととらえれば、十分に受け入れられるであろう。フロイトは、リビドーが乳幼児期からの精神発達に大きな影響を与え、子どもの発達に応じて、リビドーの源泉となる身体部位が口、肛門、性器へという経路を辿ることを提示した。そして、リビドーの発達を身体部位にあてはめ、①口唇期、②肛門期、③男根器（エディプス期）、④潜伏期、⑤性器期（性器体制）とした。これがフロイトの精神・性的発達論とよばれるものである。

その後、幼児性欲が口唇期から男根期に至る経過で発達が固着すると、その固着点によって精神病、神経症など病態水準の異なる精神疾患が形成され、性格傾向なども規定されるという考察を展開した。

(a) 口唇期：乳幼児のリビドーの源泉は、口に関わる口唇、口腔粘膜、舌である。乳幼児は空腹になると母親の乳首に貪りつき、乳房に包まれる。ここには乳幼児が空腹を満たすだけでなく、母親という対象を取り込み、同化するという心理的な意味があり、これが将来の同一化の基盤となる。口唇期性格とは、依存心の強さや自立心の弱さ、口唇的な嗜好性（グルメ・喫煙・飲酒）の強さなど、口唇期でのテーマと関連したものである。

(b) 肛門期：リビドーの発達の第２段階であり、肛門に含まれる肛門括約筋、直腸粘膜がリビドーの起源となる。肛門期の初めにおいては、大便の保持と排泄行為という肛門快感にもとづく感覚的なものが優勢であるしだいにそれは主に便を介した母親とのやりとりへと発展し、肛門期は心理的に複雑なプロセスとなる。便は健康の証としての母親への贈り物になるが、時に母親を煩わす攻撃的な対象にもなる。保持と排泄という相反する行為は、能動性と受動性という相反する衝動となる。更に、幼児は肛門括約筋のコントロールによって、排便を自律的に行うことができるようになるが、この時にトイレット・トレーニングというしつけを受けることになり、服従と反抗という対極的な衝動に苛まれる。こうした心性はアンビバレンスの基盤となる。肛門期性格とは、頑固、倹約、几帳面、きれい好きなどとされ、肛門期でのテーマの延長上にある。

(c) 男根期：リビドー発達の第３段階であり、４、５歳の幼児の心性である。この年齢は幼児がペニスに強い関心を抱き、ペニスの快感を知る時期であり、幼児の自慰行為も活発に認められる。フロイトによれば、この時期の幼児はペニスだけを認知し、ヴァギナの存在をまだ知らないとされた。男児はこのペニスの絶対的な力を信じ、母親への愛情、父親への敵意と罰せられる不安（去勢不安）、父親との戦いの敗北と同一化（超自我）という一連の空想の流れとその複雑さを経験する。フロイトは、この心的プロセスをエディプス・コンプレックスと名づけた。フロイトは女児に関しても、同性の親への愛情と異性の親からの脅迫といった男児と同じような心的プロセスを辿るとも考えたが、

女児のエディプス・コンプレックスに関しては明確な答えを提示していない。ユングは女児のエディプス・コンプレックスとしてエレクトラ・コンプレックスを提唱した[21]が、フロイトの概念化においてはエディプス・コンプレックスは去勢不安から始まるために、ペニスのない女児の場合にはそれは必然的に複雑なものになり、解消の時期も明確にならないことを記している。しかしいずれにせよ、エディプス・コンプレックスの主題は家を守り育児に専念する母親、社会を表象する父親、子どもという三者関係で構成された古典的な家族関係にもとづいており、男児は父親、女児は母親に同一化することでエディプス・コンプレックスを克服し、男らしさ、女らしさを獲得していくと考えられている。したがって、このエディプス・コンプレックスをどのように幼児が体験したかということが、その幼児の将来の社会適応、つまり青年期、成人期に大きな影響を与える。フロイトがこの概念を提出して以降、エディプス・コンプレックスは社会学、哲学、芸術学など多くの領域で論じられ、未だにその価値は減じていない。例えば、現代の若者のひきこもりも、しばしばエディプス・コンプレックスを経験していないという観点から論じられている。男根期性格とは自己顕示欲の強さや、過剰にもみえる自信、権力志向、外向的な行動力の高さなどを特徴としている。

幼児性欲はこの３段階のプロセスを経過することで終了し、小学校低学年になれば潜伏期に入る。

(d) **潜伏期**：小学校低学年から小学校高学年までの時期であり、性的衝動が再び高まる思春期までの時期である。この時期の子ども（学童）は幼児性欲が減衰し、性的満足よりも社会的満足を求める。認知能力や身体能力の発達によって、興味を外界に移し、学習への関心なども飛躍的に高まるのである。一般的にこの時期に子どもの問題行動は目立つことがないといわれていたが、現代ではこの時期に学校での不適応行動をきたす学童が増え、こうした子どもたちは発達障害と総括されることが多い。しかし、フロイトの精神・性的発達の観点からすれば、これらの状況は適切なエディプスを経過していない子どもが増えているという現代社会の特徴を示しているとも考えることができる。

(e) **性器期**：思春期に入ると、思春期の青年は大人と同じような性的機能を獲得し、これまでの幼児性欲と異なり、異性という対象との性器の交わりや、

心理的には誰かとかかわって何かを生み出していくことを目的とする性器愛の段階に達する。この性器統裁の世界への到達によって、フロイトの精神・性的発達は完成される。

　フロイトはこの精神・性的発達論だけでなく、構造論、欲動二元論など人の心的発達に関して、精神分析実践から多くの知見を発表した。これらは後々の精神分析における発達論の基本となり、現代でもなおその価値は失われていない[17)][18)][19)]。

第 2 節　エリクソンのライフサイクル理論

　エリクソン（Erik Homburger Erikson）はドイツで生まれ、ギムナジウム卒業後に画家を目指してヨーロッパを放浪した。放浪中の生活は、後のアイデンティティ、ライフサイクル理論の背景となった。そして、28歳のときにウィーンで精神分析にふれ、アンナ・フロイトの教育分析を受けた。1933年にはナチから逃れるためにアメリカに移住し、ボストンで最初の児童精神分析家となり、長年にわたり活躍を続けた。

　エリクソンのライフサイクル論は『幼児期と社会』[8)]で詳細に論じられた。そのライフサイクル理論における発達課題は、人生の各時期における発達の特徴を単に記述したものではなく、社会や文化から要請され、期待されている心理・社会的発達の目標である。エリクソンは乳児期から老年期までを8段階に分けて、次のように発達段階を想定した。1段階：乳児期〔基本的信頼 対 基本的不信〕、2段階：幼児前期〔自律性 対 恥・疑惑〕、3段階：幼児後期〔積極性 対 罪悪感〕、4段階：児童期〔勤勉性 対 劣等感〕、5段階：青年期〔同一性 対 同一性拡散〕、6段階：成年期〔親密 対 孤独〕、7段階：壮年期〔生殖性 対 停滞〕、8段階：老年期〔自我統合 対 絶望〕である。それぞれの段階での最初の項目はグランド・プランとよばれ、人は生まれながらにそれらを達成しうる一定の素因をもっていると考えられている。しかし、それぞれの素因には心理力動的な拮抗的、かつ否定的な力も働き、それらは必ずしも簡単に達成されるわけではないため、これらの項目が発達課題となる。この理論によれ

ば、必ずしも課題を達成すること、すなわち成功することのみが賞賛されているわけではなく、これらの課題の不成功もそれなりに経験する必要があるとされている。つまり、最初の項目を達成することに成功しなければ、二つめの項目の示す状態となる。そして、両者が統合したものが正常な成長に寄与するとされている。例えば、ライフサイクルの第1段階である乳児期の発達課題は基本的信頼 対 基本的不信であるが、基本的信頼とは、乳児が母親との安定した授乳、養育関係によって達成できる心理特性であり、健康なパーソナリティの中核となる。基本的信頼はボウルビィの安全基地、サリヴァン（Sullivan, H. S.）の安全感などの概念と同じく、安定した母子関係の産物である。これに対して、基本的不信は授乳、養育関係の不備によってなされる心理特性である。乳児期には、この二つの心性がせめぎあい、基本的信頼が優位であれば、自己、他者、世界を信頼することが可能となる。発達課題を一つ達成することによって、社会的承認を受けることができる。それは自信をもたらし、次の発達段階への移行を容易にする。

　そして、前段階の発達課題は次段階の発達段階の基礎となり、連続性や親密性、世代性へとつながる。また、ライフサイクルの時期は、文化と時代に大きく影響されることから、この理論はライフサイクル理論、心理社会的発達論とよばれる。ライフサイクル論はそれまでのフロイト等の子どもを中心とした発達論ではない。エリクソンは発達が生涯にわたるものであり、それぞれの段階に発達課題があるとし、生涯発達という視点を心理学に導入した。[9][10]

第3節　アンナ・フロイトの発達ライン

　アンナ・フロイト（Anna Freud）はフロイトの末娘である。1920年代に児童精神分析を確立した精神分析家のひとりで、児童分析の臨床実践から自我機能と防衛機制の理論を発展させ、自我心理学の基礎を築いた。[12]また、保護者の養育機能を重視し、教育や福祉に精神分析の知見を紹介し、一般的な領域に精神分析の応用を試みた。[14]アンナ・フロイトはフロイトの精神・性的発達論、リビドーの発達に関する考え方を発展させ、リビドーの発達と自我の発達を同時に

アセスメントすることが必要であると考えた。そして、『児童期の正常と異常』[13]のなかで、子どもの発達を環境との反応としてとらえることによって、発達の全体像、発達プロフィールを作成することができると提唱した。

　アンナ・フロイトの想定した発達ラインは新生児が母親に完全に依存する段階から、前エディプス期、エディプス期、思春期を経て、自立した青年となることを基本としている。これは父フロイトの精神・性的発達論をより詳細に分類したものであり、青年期までの発達ラインの本筋を、①母子の生物学的一体性、②欲求充足的な依存関係、③対象恒常性の達成、④対象全体のアンビバレンスにおけるサディズムの制御、⑤男女差のないエディプス・コンプレックス、⑥両親からグループへのリビドーの移行（指導者、理想像への同一化）、⑦早期の原始的対象関係の再燃、⑧乳幼児的対象関係からの脱却への移行、とした。更に、この発達ラインの本筋に子どもの適応という視点から、身体的自立、他者との関わり、遊びから仕事という創造性などのラインを組み合わせ、それぞれの発達ラインの到達度や相互バランスをみることが子どものアセスメントにおいては重要であると考えた。アンナ・フロイトは発達を前進と退行の繰り返しであるととらえた。これはアメリカを中心とした児童精神科の領域では広く臨床に応用されている。

第4節　クライン派の発達論

　メラニー・クライン（Melanie Klein）はユダヤ人の両親の下、ウィーンで4人きょうだいの末子として生まれた。ウィーン大学医学部在学中の20歳のときに結婚し、大学は中退したが、28歳のときに夫の赴任先のブダペストで抑うつ状態となり、フェレンツィの精神分析を受けた[11]。その後フェレンツィの勧めによって、児童精神分析を開始した。子どもの遊びを無意識的表現ととらえ、子どもの心的世界を解明し、言語表現の十分な大人にだけ適応可能であった自由連想法の適応を2、3歳の子どもにまで拡大した[22)23)24)29)]。これはアンナ・フロイトの知見と真っ向から異なるものであった。

　クラインは当時、ベルリンで精神分析を行っていたアブラハムと出会い[1]、ベ

第3章　精神分析的発達論

ルリンで児童精神分析を発展させたが、アブラハムの死後、1927年にイギリスに移住した。そして、フロイト一家の亡命までに、イギリスの精神科医、心理療法家からの信頼を獲得した。また、クラインは子どもだけではなく、成人の精神病にも関心を抱くようになり、精神病世界の解明にも大きな貢献をなした。[25)26)28)]

　クラインは子どもや統合失調症患者の精神分析をとおして、新生児は空腹という本能的な衝動にわけのわからない恐怖を抱き、これが泣き声という形式で外界に投影（投影同一化）されると考えた。こうして投影された恐怖は母親の乳房（対象）に出会うこと、つまり授乳されることによって緩和されるといった大枠のシェーマを提案した。クラインは、乳児期早期には乳児は授乳によって自分に至福を与える乳房を「よい乳房」、授乳せず欲求不満を引き起こす乳房を「悪い乳房」と体験している。そして、一つの乳房を別個のものとして認識し、「よい乳房」が「悪い乳房」に破壊されてしまわないようにスプリットさせておくと考え、このときの状態を「妄想分裂ポジション」（PSポジション）と名づけた。[28)]また、よい乳房による体験が増えるに従い、乳児の空想世界では自分が悪い乳房を攻撃しても乳房は破壊されずに生き残ると感じられるようになる。そして、よい乳房と悪い乳房が同一であるという認識が可能になると考え、この状態を「抑うつポジション」（Dポジション）と名づけた。[25)]乳児は理想的で万能的な「よい乳房」を喪失し、現実的な乳房の存在を受け入れなければならない。そしてまた、自分が攻撃していた乳房が愛すべき乳房でもあったということに、罪悪感や償いといった様々な感情をともなう状態となり、抑うつという用語が使用された。

　その後の人生において、人はこの「妄想分裂ポジション」と「抑うつポジション」を行きつ戻りつしながら、大枠では、「抑うつポジション」の方向へ漸次的に展開するとされている。ブリトンはPS⇒Dというプロセスが何度も繰り返され、「抑うつポジション」の方向に向かうものであると述べている。[6)]

　ウィルフレッド・ビオン（Wilfred Ruprecht Bion）は、クラインの「妄想分裂ポジション」、「抑うつポジション」の概念を洗練させ、これを「PS⇔D」という記号で表現した。ビオンはクライン死後のクライン派の代表的な精神分析家であり、投影同一化の概念を洗練化し、早期母子関係理論を「思考作用」のなかでまとめた。[5)]ビオンによれば、乳児は空腹という、まだ名前もついてい

ない恐怖を母親に投影する。この恐怖はうまく母親に取り入れられ、母親が「あら、お腹が空いているのね」と、優しく抱っこし授乳が始められることによって緩和される。このようなプロセスを経て、名前のない恐怖には空腹という名前がつけられ、乳児はこの緩和された恐怖を取り入れることが可能となる。ビオンはこの乳児の恐怖に気づき、適切に授乳する母親の機能を「夢想」と称した。一方、乳児には生まれながらにして、すでに乳房という前イメージがある。そして、乳児が空腹を感じ、乳房に出会うときに乳房というアイディアが誕生する。更に、母了関係のやりとりが何度となく繰り返されることで、乳児には自分に授乳してくれる乳房という対象（イメージ）が確立してくる。これによって、空腹を感じるときでも、授乳してくれる乳房という対象を自ら考えることで授乳を待つことができるようになる。こうした乳児の待つことのできる機能の基盤には、欲求不満に耐える能力といった生得的な能力が想定されている。ビオンによれば、早期の母子関係は、母親の機能と乳児の能力により、乳児の原初的不安を緩和することで健全に形成されるのである。しかし、こうした乳児の待つことのできる能力には、欲求不満に耐える能力といった生得的能力の基盤が想定されている。そもそも母子の相互作用において、乳児がよい乳房という対象を確立するにはよい乳房の体験が勝っていなければならず、そのためには母親の適切な夢想能力が必要とされる。このように考えれば、母子ともどもの能力によって乳児の原初的不安が緩和されることなくして乳幼児期の健全な早期の母子関係の形成はなされない。

　ここでクライン派の母子関係の障害について述べておくと、次にあげるような要因が想定される。①乳児側の要因：欲求不消に耐える能力が乏しく、不安が著しく高い乳児であれば、自分に処理できない大規模な不安を外界に投影することになる。いかに適切に母親が対応しても養育困難な状態が継続する。逆に、自閉症児のように投影が著しく低い乳児であれば、いかに母親に適切な機能があろうとも十分に乳児を包容することはできない。②母親側の要因：母親の産後うつ病等の疾病、虐待等の養育能力の欠如によって包容機能が低下している母親であれば、乳児の不安に恒常的に適切に対応することができない。③母子のやりとりの要因：母子それぞれの空想がコミュニケーションの不全を引き起こす場合がある。母子の相性の問題や、母親自身の養育体験の影響などで

ある。

第5節　ウィニコットの母子関係理論

　ウィニコット（Donald Woods Winnicott）はイギリスの小児科医であり、パディントン・グリーン病院を中心に数万人に上る子どもを診察した。また、BBCのラジオ番組に出演して育児相談をしたりして、その存在は一般の人たちにも周知されていた。ウィニコットは、当初クラインの影響を受け、抑うつポジションの概念を洗練させた思いやりの概念等を展開した。しかし、ウィニコットは独自の見解である母子分離の中間段階としての移行空間、移行対象、遊ぶこと等の理論を発表し、クラインとは学問的に一線を画すこととなった。
　ウィニコットは早期の母子関係理論において、クライン派とは異なる見解を示した。それは「移行対象と移行現象」で、「自分でない」所有物に注目したことである。[37]生後数ヶ月の乳児は自分の握りこぶしを口に入れたりするが、その後、毛布等の柔らかいものを口にもっていくようになる。この毛布等は「自分でない」所有物であり、これを移行対象と定義した。最初、赤ん坊は現実を受け入れる能力がないため、この毛布等をあたかも自分の一部であるかのごとく感じるが、成長すればそれを外的なもの、「自分でない」ものであると認識できるようになる。しかし、この自分と「自分でない」ものの双方の状態には中間的な領域（移行領域）が存在し、これを内的現実と外的現実の双方に関与する重要な中間領域とした。この移行対象－移行領域の概念を中心にして、ウィニコットは早期母子関係を「錯覚－脱錯覚」の過程であると考え、次のように説明した。[38) 39)]
　母親は生後まもない乳児の欲求を完全に満たすように育児に没頭すること（母親の原初的没頭）で、自らの乳房が乳児の一部であるかのような錯覚を乳児に与える。母親は出産後、赤ん坊のことだけに専心するという、いわば「健全な精神病状態」にならなければならない。母親は育児に没頭することによって乳児の空腹を敏感に感じ取り、実際の授乳を行うことができる。乳児はこの現象の下、自分が欲すればいつでも乳房をつくりだせるという魔術的な主観的経

験をすることになる。したがって、ほどよい環境下にいる乳児は空腹など本能的緊張から生起する欲求を何かが必ず満たしてくれると考えるようになる。つまり、乳児は自分の創造能力に対応する外的現実があるという空想を抱くのである。このとき、乳児の一次的創造性による主観的知覚と現実検討にもとづく客観的知覚との間にはある領域が存在する。つまり、母親の乳房は乳児の主観のなかでは自分の一部であるが、客観的には外的なものである。よって、ウィニコットはこの内的とも外的とも決められない領域を移行領域とよび、この乳児の主観的体験は錯覚であると述べた。

　前述したとおり、乳児の主観において、乳児は自分が空腹を感じ、それを欲する瞬間に乳房をつくりだすことができ、それ以外のときには乳房は知覚されない。乳児は自分の一部である乳房から乳を飲み、育児に没頭する母親は自分の一部である乳児に母乳を与えるという状態にあり、そこに母子の相互交流はない。つまり、錯覚に媒介された母子一体感が存在するのみで母子の分離は存在しないのである。しかし、このような万能的な錯覚に浸っていた乳児も現実検討能力が発達するに従って、自分の欲するときにいつでも乳房がつくりだせるわけでないことを知るようになる。空腹を感じると常に乳房が差し出されるわけではなく、母親の授乳のタイミングがずれることによって欲求不満を感じざるをえない状況も起きてくる。こうして錯覚は現実的な幻滅の体験を経て、脱錯覚の過程に踏み出すこととなる。このような乳児の健全な発達過程は通常、急速な喪失体験ではなく、漸次的に進展していく。

　一方、ウィニコットは乳児の病的な発達過程として、乳房の喪失について二つの類型を記載している。その一つは乳児がまだ乳房との一体感という錯覚のなかにいる間に起きる早期の乳房の喪失である。このような場合、乳児にとって乳房の喪失は自分の身体の一部を喪失したかのように感じられる。ウィニコットはこうした早期の乳房の喪失が引き起こす状態を精神病的うつ病とし、重篤な精神疾患の一つと考えた。もう一つは錯覚の段階以後の乳房の喪失である。この場合は乳児の側に対象との分離の兆しがあるために、乳房の喪失は反応性うつ病という形式で露わになると考えた。これはこの時代の背景にある戦争孤児や、経済的事情によって乳児院などに入所しているたくさんの乳幼児を診察したウィニコットの経験によって裏づけられたものであったが、スピッツ

の「依託うつ病」という概念に近いとも考えられる。

　ウィニコットの早期母子関係は、クラインの「妄想分裂ポジション」とは異なる世界を提示している。ウィニコットの世界では、母親との一体感に包まれてゆっくりと現実の分離を知っていく母子という穏やかな風景が広がっているようである。これに比して、クラインの妄想分裂ポジションの世界には、必死に生きようとする乳児の孤軍奮闘がみえるようである。

第6節　マーラーの発達理論

　マーガレット・マーラー（Margaret S. Mahler）はミュンヘンとウィーンで小児医学、精神分析を学び、アンナ・フロイトと学問的な交流をもった。その後、ナチから逃れてアメリカにわたり、自閉症の臨床研究を行い、カナー（Kanner, L.）の自閉症に対して「共生精神病」の概念を発表した[30]。これは現代的な視点からとらえると、自閉スペクトラムの先駆けとなる概念である。その後、マーラーは1959年からニューヨークで健常な母子を対象にした膨大なビデオフィルムによる実証的研究によって、新生児から3歳児までの発達理論を導いた[31]。この理論は「分離個体化」理論とよばれるもので、自我心理学の代表的な発達理論となった。マーラーによれば、分離とは自他未分化な新生児から分離不安への対処を習得する幼児までの心的発達であり、個体化とは現実を認識する認知などの自我機能、運動、言語能力などを含めた神経的発達である。そして、これら双方が相まって幼児の健康な発達がなされるというのがマーラーの考え方である。また、マーラーの考え方においては、乳児は分娩という身体的誕生によって母親と身体的に分離した後も心理的にはまだ一体化した未分化な状態にある。その後、心理的に母子分離ができるようになることで、人は二度目の誕生である「心理的誕生」を迎えるとされる。例えば、幼稚園の年少で入園する幼児は当初は分離不安を示すこともあるが、1ヶ月もすれば幼稚園の集団生活に慣れ、幼稚園の先生の指示を理解し、他児にも関心を向け楽しく遊ぶことができるようになる。この過程は幼児の心理的誕生の過程を実証している。マーラーは実証的な研究から以下のように発達理論を提示した[31]。

1　未分化期（生後1-4ヶ月）
（1）　正常な自閉段階（1-2ヶ月）：フロイトは、新生児は刺激を遮断することによって胎生期の名残りとしての幻覚的全能感を維持すると述べている。
（2）　正常な共生段階（3-4ヶ月）：この時期の乳児は母親と自分は一心同体の存在であるとした。これは、「共生精神病」をモデルとして提示されたものである。乳幼児研究が進むにつれて、有能な乳幼児の全体が明らかになった。その結果、マーラーの未分化期という概念に関しては、あくまでそれまでの精神分析理論をあてはめたにすぎず、後述のスターン等に批判され自ら撤回した。

2　分離個体化期（5-36ヶ月）
（1）　分化段階（5-8ヶ月）：乳児はこの時期に自己と母親が異なる存在であると認識しはじめ、自分の母親と他人を見比べる態度をとりはじめる。この入念なチェックは税関検査とよばれており、マーラーのビデオにはその様子が明瞭に示されている。乳児は未分化期での母親との融合状態を抜け出し、自分と母親の違いを認識し、最終的に母親以外の他人に人見知り不安を示しはじめる。
（2）　練習段階（9-14ヶ月）：この時期の乳児は立位歩行といった身体運動能力と外界の認知能力が発達し、外界への好奇心が増し、高揚感をもとに母親から分離を始める。母親の不在時には後追いや分離不安を示すが、母親から分離して世界を謳歌するかのように自由に行動しはじめる。探索行動や他児への関心も認められるようになるが、母親と離れて不安や寂しさが強くなると再び母親に戻って情緒的エネルギー補給を行ってもらう。子どもの不安や寂しさの信号に対する母親の微笑みや優しい声かけ、抱っこなどの情緒的応答性が重要になってくる。更に、母親への愛着や関心の代理となる人形やおもちゃなどの「移行対象」が出現してくる。
（3）　再接近段階（15-24ヶ月）：歩行自由になったこの時期に、母親からの分離意識が更に高まるが、完全に分離すると分離不安が強まるという両価的な感情に幼児は苛まれる。そのため、いったん飛び出したかと思うと、また情緒的エネルギー補給基地である母親にしがみつくという再接近行動が頻繁に認められる。母親にしがみつき行動をとることで見捨てられることから自分を防衛する一方、今度はあまりの接近に母子境界がなくなり自己の存在が脅かされ、

呑み込まれる不安を感じる。この段階で、適切な母子の距離がとられることが課題である。しかし、しがみつき行動が激しい場合、母親は途方に暮れ子育て困難となり、支援を必要とすることもある。この状態は再接近危機といわれるが、ほとんど一過性の情緒的葛藤であり、父親の育児参加などで改善する。

（4）　**個体化段階**（25-36ヶ月）：この時期には、母親からの分離が成立し、母親と短時間であれば分離していても情緒的に耐えられる個体化の能力が確立する。自律的な自我機能を獲得し、現実見当識も上がり、母親不在の分離不安への耐性ができてくる。

3　情緒的対象恒常性の確立期（36ヶ月以降）

　3歳を過ぎた幼児の心的世界では自己表象と対象表象が明瞭に分化して確立し、それぞれの表象は「よい」「悪い」の両面をもつ全体的な統合性のイメージを可能にするようになる。心の世界に自分や母親・父親、他人の表象を想起できるようになり、対象の恒常性が内在化され、この結果、幼稚園などでも長時間ひとりで過ごすことができるようになる。

　こうした見解は、当時、精神疾患は子どもの発達のある段階に退行し、固着してしまうことによって生じるという病因論が趨勢を占めていたために記述されたものである。現代では、乳幼児精神医学、発達心理学で盛んに研究されている結果、マーラーの想定した乳児像と比べれば、より主体性をもって環境に関わる乳児像が立証されつつある。

　それでもなお練習段階以後の発達についての考え方は実証的なものであり、その知見の意義は現代においても有用なものである。

第7節　乳幼児精神医学

1　スピッツ

　ルネ・スピッツ（René Spitz）は第二次世界大戦前にアメリカに亡命した精神分析医であり、フロイトに最初の教育分析を受けた。スピッツは乳児期の研究に専心し、写真やビデオなどを駆使し、直接的な観察を行い、乳幼児からの

情動発達、自我形成、母子関係の成立に関して理論化した[33）34）]。これは現代の乳幼児精神医学の出発点となった。

欧米の乳児院での戦争を挟んだ臨床経験から、代表的な「アナクリティックうつ病」「ホスピタリズム」という概念を発表した。「ホスピタリズム」とは、乳児院や児童養護施設で養育される子どもの死亡率が高く[34）]、知的、身体的、情緒的発達などすべての発達の領域で大きな問題をかかえる子どもが多いことから、スピッツが見出した概念であり、こうした子どもたちのかかえる問題を包括したものである。その原因は母親あるいは適切な養育環境の欠如、単調で刺激の乏しい施設生活にあると結論した。更に、スピッツは乳幼児の死亡率の高さは乳児の依存対象の喪失に起因するうつ状態によるものととらえた。これを「アナクリティックうつ病」と命名し、乳児期の一定の養育者との関係性の重要性を説いた。

ちなみに、スピッツの当初の研究は健常児に関する研究であり、「3ヶ月微笑」「8ヶ月不安」「ノー・アンド・イエス」など、子どもの発達に関する必須のマイル・ストーンについても記述した[34）]。

2 エムデ

ロバート・エムデ（Robert N. Emde）はコロラド大学、デンバー大学の精神医学の元教授であり、世界乳幼児精神医学会（WAIPAD）を創設した。エムデは、家庭と研究室での縦断的観察による情緒的な発達に関する研究、情緒的なシグナルのプロセス、家族内での情緒的な発達に関する研究を行った。エムデは乳児に対する母親の情緒応答性を重視し、これによって、乳幼児の共感性、倫理感、分離不安に耐える能力などが促進され、先々の対人関係の基盤となると論じた。

エムデの中心理論は情緒応答性、情動的中核自己という乳児の対人関係性についてのものである。情動は生得的なものであるとし、その動因として活動性、自己制御、社会適合性、情動モニターをあげている。乳児の情緒状態は情動的自己という一貫性のある自己表象を形成する。しかし、乳児の情緒状態は刻々と変化する情緒によって、心の発達は個人の分化と統合、変化と恒常、自律と依存といったテーマのなかで高度に洗練化するとエムデは説明した[7）]。

エムデが中心となって、母親や保護者の乳幼児に関する情緒応答性を調べるI-FEEL Picture が作成された。この日本語版は母子研究における代表的な心理検査の一つとなっている。

3　スターン

ダニエル・スターン（Daniel N. Stern）はエムデと並んで、現代の乳幼児精神医学の代表的な研究者であり、従来の精神分析には必須の概念である欲動、対象といった用語を破棄し、乳幼児がどのように世界を主観的に体験しているのかを描くことを試みた。スターンは、この外的世界と関わる特定の体験を整理するオーガナイザーとして自己感という概念を中心に論じた。スターンは精神分析の患者が語る乳児像を臨床乳児、直接的に観察された乳児を被観察乳児とよび、これを統合することで新たな乳児の世界に関する知見を展開した[35]。

スターンが提唱する自己感はそれ自体が自己発生的なものであり、四つの自己感から構成されている。それは、①新生自己感、②中核自己感、③主観的自己感、④言語自己感であり、四つの自己感は、従来の発達論のように段階をふむものではなく、終生、変わりなく存在していることを論じている。四つの自己感については次のとおりである。

(1)　**新生自己感**：乳児は生後まもなく新生自己感とよばれるオーガナイザーで、自己と外界が区分されていない混純とした世界を整理し、自己と世界の間に境界をつくりはじめる。このとき、乳児には視覚、聴覚、触覚、嗅覚、味覚といった五感からなる個々の知覚が別個に存在することなく、一つの知覚が他の知覚に変換されることで、世界の刺激を最大限吸収しようと試みている。これは無様式知覚とよばれるが、成人になっても基本的な知覚様式である。また、乳児は生気情動というカテゴリー化されていない情動によって活発に生理活動を行ない、瞬間的に刻々と変化する世界を生き抜く。これは本能の表現でもあり、これによって母親からの積極的な世話を受けることが可能になる。

(2)　**中核自己感**：生後2、3ヶ月から6ヶ月の乳児は中核自己感によって、自己が唯一、一貫した存在であるという感覚、自己の身体と世界との境界の感覚を確立する。つまり、乳児は母親とは別個の存在であり、乳児は自己の発動

性、一貫性、連続性、情動体験を認識するようになる。乳幼児観察の経験からすれば、生後2、3ヶ月になると乳児の表情がしっかりと人間らしく母親を見つめたりするようになり、大きな飛躍を観察することができるようになる。

(3) **主観的自己感**：生後7ヶ月をすぎる頃より、乳児は行動の背後にある感情、意思、情動はこころだけでなく、他者にも自分と同じような心が存在することに気づくようになる。これによって、乳児は他者との関係性のなかで生きることができるようになるのである。スターンによると、この時期に、乳児は母親との間で知覚されることを共に楽しむ。例えば、一緒にあるものを見たり、音楽を聴いたりするようになる。ここには母子間での情動の相互交流が存在し、これを情動調律という。こうした情緒の交流は、別個の存在でありながら共にあるといった人間にとって不可欠な情動を形成する。

(4) **言語自己感**：生後2年目になり、言語が話せるようになると言語自己感が発達する。このときまで、乳児は現実の検討、自己・他者の意思や情緒を認識できるようになり、象徴化能力が形成され、時間軸も認識できるようになる。言語は自己の世界認識、他者との間主観性を大幅に拡大するが、言語以前の経験を歪めることにもなってしまう。時に言語が巧みなアスペルガー症候群の人たちの情緒が未熟であるということも、スターンの見解をふまえると容易に理解できる。これらの自己感は不動のものではなく、一生にわたって共存、洗練、時には病理の起点として機能するとしている。

第8節　メンタライゼーション

　ピーター・フォナギー（Peter Fonagy）はアンナ・フロイトの後継者として、ロンドンを中心にして臨床、研究活動を積極的に行い、自我心理学の旗手として大きな影響を及ぼしている。フォナギーは伝統的な精神分析と愛着理論などの発達心理学、脳科学の知見を相互的に組み合わせ、弁証法的な展開を目論んでいる。メンタライゼーションとは、自分自身や他者の気持ちのなかに起きていること、情緒や感情、意図、葛藤などにしっかり気づき概念化する心的機能のことである。これはバロン・コーエン（Baron-Cohen, S.）らの「心の理論」

の概念を基本的なモデルとして、フォナギーが1990年代に提出した概念である。

　フォナギーは当初、精神分析諸学派の理論、実証研究である愛着理論を総括することから始め、その後、その枠を超えて認知心理学、進化生物学、そして最先端の脳科学の知見までをも、メンタライゼーションの理論に組み込み、臨床理論として臨床実践に応用している。これは従来のアイディアの供給としての精神分析の役割を超えることになり、発達心理学、脳科学の知見を積極的に受け入れて臨床に汎化するという立場を担うことになった。また、この概念は精神分析と神経科学とのインターフェイス、自己概念という哲学的命題との会話さえも行い、精神分析との統合を可能にしている[2)3)]。そのために、メンタライゼーション理論は「知のマルティプル・インターフェイス」としての機能を担うに至ったのである。

　フォナギーはこの理論を特に境界性パーソナリティ障害の治療にあてはめ、境界性パーソナリティ障害の最新モデルを提示し、その総括的な治療の組織化、治療戦略、治療技法に関して実践的な報告も含めた治療論を展開している。フォナギーはメンタライゼーションを向上させるという治療目標が他の心理療法、認知療法、弁証法的行動療法などにも共通したテーマであり、他学派との相互交流を円滑にする共通概念になることを提唱している。

文献

1) Abraham, K. (1927) *Selected Papers of Karl Abraham, M. D.* London：Hogarth Press and Institute of Psycho-Analysis. 〔大野美都子訳『アーブラハム論文集——抑うつ・強迫・去勢の精神分析』岩崎学術出版社、1993〕

2) Allen, J. G. & Fonagy, P. (2006) *The Handbook of Mentalization-Based Treatment.* New York：Wiley. 〔狩野力八郎監修、池田暁史訳『メンタライゼーション・ハンドブック』岩崎学術出版社、2011〕

3) Bateman, A. W. & Fonagy, P. (2006) *Mentalization-Based Treatment for Borderline Personality Disorder.* London：Oxford University Press. 〔狩野力八郎、白波瀬丈一郎監訳『メンタライゼーションと境界パーソナリティ障害』岩崎学術出版社、2008〕

4) Bick, E. (1964) Notes on Infant Observation in Psycho-Analytic Training. *International*

Journal of Psychoanalysis, 45, 558-566. In Collected Paper of Martha Harris and Esther Bick.(1987 republished) The Clunie Press.

5) Bion, W. R.(1962) A Theory of Thinking. In Second Thoughts. In, *Parent-Infant Psychodynamics : Wild Things, Errors and Ghosts*. London : Whurr Publishers Ltd.〔木部則雄訳「思考作用についての理論」木部則雄監訳『母子臨床の精神力動』岩崎学術出版社、2011〕

6) Britton, R.(1998) *Belief and Imagination*. London : Routledge & Kegan Paul.〔松木邦裕、古賀靖彦訳『信念と想像』金剛出版、2002〕

7) Emde, R. N. & Sorce, J. F.(1983) The Rewards of Infancy : Emotional Availability and Maternal Referencing. In J. D. Cal(Ed.) *Frontiers of Infant Psychiatry*. Vol. 1. New York : Basic Books.〔生田憲正訳「乳幼児からの報酬──情緒応答性と母親参照機能」小此木啓吾監訳『乳幼児精神医学』岩崎学術出版社、1988〕

8) Erikson, E. H.(1950) *Childhood and Society*. New York : W. W. Norton.〔仁科弥生訳『幼児期と社会(1)・(2)』みすず書房、1977、1980〕

9) Erikson, E. H.(1958) *Young Man Luther : A Study in Psychoanalysis and History*. New York : W. W. Norton.〔大沼隆訳『青年ルター』教文館、1974〕

10) Erikson, E. H.(1969) *Ghandhi's Truth*. New York : W. W. Norton.〔星野美賀子訳『ガンディーの真理』(上)・(下) みすず書房、1973、1974〕

11) Ferenczi, S.(1955) *Final Contributions to the Problems and Methods of Psychoanalysis*. London : The Hogarth Press.〔森茂起、大塚紳一郎、長野真奈訳『精神分析への最後の貢献』岩崎学術出版社、2008〕

12) Freud, A.(1936) The Ego and the Mechanisms of Defense. In *The Writings of Anna Freud : II*. New York : International Universities Press.〔黒丸正四郎、中野良平訳『アンナ・フロイト著作集2 自我と防衛機制』岩崎学術出版社、1982〕

13) Freud, A.(1965) Normality and Pathology in Childhood : Assessments of Development. In *The Writings of Anna Freud : IX*. New York : International Universities Press.〔黒丸正四郎、中野良平訳『アンナ・フロイト著作集9 児童期の正常と異常』岩崎学術出版社、1981〕

14) Freud, A.(1971) Introduction to Psychoanalysis : Lectures for Child Analysts and Teachers. *The Writings of Anna Freud : I*. New York : International Universities Press.〔岩村由美子、中沢たえこ訳『アンナ・フロイト著作集1 児童分析入門──児童分析家と教師のための講義』岩崎学術出版社、1981〕

15) Freud, S.(1905) Three Essays on the Theory of Sexuality, *S. E., 7*.〔懸田克躬、吉村博次訳『フロイト著作集5 性欲三篇』人文書院、1969〕

16) Freud, S. (1909) Analysis of a Phobia in a Five-year Old Boy. *S. E., 10.* 〔高橋義孝、野田倬訳『フロイト著作集 5　ある五歳児の恐怖症分析』人文書院、1969〕

17) Freud, S. (1917) Introductory Lectures on Psycho-analysis. *S. E., 15.* 〔懸田克躬、高橋義孝訳『フロイト著作集 1　精神分析入門』人文書院、1971〕

18) Freud, S. (1920) Beyond the Pleasure Principle. *S. E., 18.* 〔小此木啓吾訳『フロイト著作集 6　快感原則の彼岸』人文書院、1970〕

19) Freud, S. (1923) The Ego and the Id. *S. E., 18.* 〔小此木啓吾訳『フロイト著作集 6　自我とエス』人文書院、1970〕

20) Isaacs, S. (1989) *Intellectual Growth In Young Children.* London：Routledge〔椯瑞希子訳『世界新教育運動選書 23　幼児の知的発達』明治図書、2014〕

21) Jung, C. G. (1913) Versuch einer Darstellung der Psychoanalytischen Theorie. Jahrbuch fur psychoanalytische und psychopathologische Forschungen V. (The Theory of Psychoanalysis. In *Collected Works*：*4.* London：Routlege & Kegan Paul.)

22) Klein, M. (1923) Early Analysis. In *The Writings of Melanie Klein*：*I.* London：The Hogarth Press.〔堤啓訳「早期分析」『メラニー・クライン著作集 1　子どもの心的発達』誠信書房、1983〕

23) Klein, M. (1927) Symposium on Child Analysis. *International Journal of Psychoanalysis,* 7. In The Writings of Melanie Klein：I. London：The Hogarth Press.〔遠矢尋樹訳「児童分析に関するシンポジウム」『メラニー・クライン著作集 1　子どもの心的発達』誠信書房、1983〕

24) Klein, M. (1930) The Importance of Symbol-formation in the Development of the Ego. *International Journal of Psychoanalysis,* 11：24-29. In The Writings of Melanie Klein：I. London：The Hogarth Press.〔村田豊久、藤岡宏訳「自我発達における象徴形成の重要性」『メラニー・クライン著作集 1　子どもの心的発達』誠信書房、1983〕

25) Klein, M. (1935) A Contribution to the Psychogenesis of Manic-Depressive States. *International Journal of Psychoanalysis,* 16. In The Writings of Melanie Klein：III. London：The Horgath Press.〔安岡誉訳「躁うつ状態の心因論に関する寄与」『メラニー・クライン著作集 3　愛、罪そして償い』誠信書房、1983〕

26) Klein, M. (1940) Mourning and Its Relation to Manic-Depressive States. *International Journal of Psychoanalysis,* 21. In The Writings of Melanie Klein：III. London：The Horgath Press.〔森山研介訳「喪とその躁うつ状態との関係」『メラニー・クライン著作集 3　愛、罪そして償い』誠信書房、1983〕

27) Klein, M. (1945) The Oedipus Complex in the Light of Early Anxieties. *International Journal of Psychoanalysis,* 26. In The Writings of Melanie Klein：III. London：The

Hogarth Press.〔牛島定信訳「早期不安に照らしてみたエディプス・コンプレックス」『メラニー・クライン著作集 3 愛、罪そして償い』誠信書房、1983〕

28) Klein, M.（1946a）Note on Some Schizoid Mechanism. *International Journal of Psychoanalysis*, 27. In The Writings of Melanie Klein：III. London：The Hogarth Press.〔狩野力八郎、渡辺明子、相田信夫訳「分裂的機制についての覚書」『メラニー・クライン著作集 4 妄想的・分裂的世界』誠信書房、1985〕

29) Klein, M.（1946b）The Psycho-analytic Play Technique：Its History and Significance. *American Journal of Orthopsychia*. 25, 223-237. In The Writings of Melanie Klein：III. London：The Hogarth Press.〔渡辺久子訳「精神分析的遊戯療法」『メラニー・クライン著作集 4 妄想的・分裂的世界』誠信書房、1985〕)

30) Mahler, M.（1952）On Child Psychosis and Schizophrenia：Autistic and Symbiotic Infantile Psychosis. *The Psychoanalytic Study of the Child 7*, 286-305

31) Mahler, M. S., Pine, F., & Bergman, A.（1975）*The Psychological Birth of the Human Infant*. New York：Basic Books.〔高橋雅、織田正美、浜畑紀訳『乳幼児の心理的誕生——母子共生と個体化』黎明書房、1981〕

32) Raphael-Leff, J.（2003）*Parent-infant Psychodynamics：Wild Things, Mirrors and Ghosts*. London：Whurr Publishers Ltd.〔木部則雄監訳『母子臨床の精神力動』岩崎学術出版社、2011〕

33) Spitz, R. A.（1956）*The First Year of Life*. New York：International Universities Press.〔古賀行義訳『母‐子関係の成り立ち——生後 1 年間における乳児の直接観察』同文書院、1965〕

34) Spitz, R. A.（1957）*No and Yes：On the Being of Human Communication*. New York：International Universities Press.〔古賀行義訳『ノー・アンド・イエス——母・子通じ合いの発生』同文書院、1968〕

35) Stern, D. N.（1985）*The Interpersonal World of the Infant：A View from Psychoanlysis and Developmental Psychology*. New York：Basic Books.〔『乳児の対人世界（理論編・臨床編）』小此木啓吾、丸田俊彦監訳、岩崎学術出版社、1989、1991〕

36) Tyson, P., & Tyson, R.（1990）*Psychoanalytic Theories of Development：An integration*. New York：Yale University Press.〔馬場禮子監訳・皆川邦直、山科満監訳『精神分析的発達論の統合（1）・（2）』岩崎学術出版社、2005、2008〕

37) Winnicott, D. W.（1951）Transitional Object and Transitional Phenomena. *International Journal of Psychoanalysis*, 34. In *Playing and Reality*. London：Tavistock.〔橋本雅雄訳「移行対象と現実」『遊ぶことと現実』岩崎学術出版社、1979〕

38) Winnicott, D. W.（1965）*The Maturational Processes and the Facilitating Environment*.

London：The Hogath Press.〔牛島定信訳『情緒発達の精神分析理論』岩崎学術出版社、1997〕

39) Winnicott, D. W. (1971) *Playing and Reality*. London：Tavistock.〔橋本雅雄訳『遊ぶことと現実』岩崎学術出版社、1979〕

第4章
子どもの精神分析的アセスメント

井口　由子

第1節　医療現場における子どものアセスメント

　医療現場において、子どもの心理的な援助を担う専門職（多数の職種があるが、ここでは代表的に心理師としておく）が初めて子どもと家族に出会った時、初回面接から、発達や心理面・家族への援助についてそのアセスメント（心理的評価）をどう行っていったらよいかは、大きな課題である。

　ここで大切なことは、医学的な診断や服薬による治療といった医療の枠組みがあるにせよ、子どもたちの今の状態がどのように形成されてきたのかを検討することである。それは、木部の言うように[2]、子どもが持って生まれた神経学的な特性、環境との相互作用、そしてこれまでの内的な反応・防衛・経験の積み重ねという心的発達の三つの側面が関係し合ってできてきたものであろう。ここでは、これらを総合して心理力動的に子どもをどう理解していくかという点に重心を置くことにしたい。

　ここで子どもの中でも、一般的にまだ主たる養育者（主には母親）との分離が未確立な0-2、3歳を乳幼児期と呼ぶが、これについては第6章で取り上げる。発達の理論によれば、およそ3歳になると自我が形成され、大人と同じような「こころの装置」（S.フロイト）のひな型ができる。またマーラー（Mahler, M.）の言う「対象恒常性」が確立し、親しい養育者（対象）のイメージがこころの中に内在化されるので、一定の時間養育者からの分離が可能になる。子どもにいわば一個人として接していくことが可能になるといえる。しかし、この状態は子どもによって様々で、3歳未満でも養育者からの分離が可能

ならば個別の心理療法（多くはプレイセラピー）は可能であろうし、小学生でも母子分離が難しく合同で面接しなければならない場合もある。本章では、主にめやすとして3歳からの幼児期と小学1年生から6年生の学童期について取り上げることとする。

　なお、①小児科（及び他の身体疾患の診療科）の場合、医師による初診・再診の結果から、心理面の援助の必要性が生じた場合は、全面的に心理師にこうした面のアセスメントと心理療法が依頼されることが多い。時々主治医にフィードバック、他職種との情報交換、必要なら他機関との連絡などを行うという経過を取ることが多い。更に、より専門的な精神科的治療が必要であれば小児精神科等への橋渡しが行われる。②児童精神科や精神科の場合、医師が数回診察をしてある程度発達面や心理面、家族関係などを診断し心理療法（発達相談・親面接を含む）を勧めることが生じる。その過程で、知能検査や他の心理検査を用いた評価がまず依頼されることがある。また再診を続ける過程で、個別に時間をかけた心理療法や親面接を心理師に依頼することがある。この場合、医師の定期的な診察と並行して継続した心理療法等が行われることも多い。この場合には心理療法を前提としたアセスメントということになる。

第2節　幼児の初回面接の実際

　子どもでは、言語表現が未熟であり、アセスメントには行動全体を見ていく必要がある。新しい場面への不安や適応、親との関係の持ち方、言語・身辺自立・運動能力・認知的な発達の状態、表情・発声・視線の動きなど身体全体での情緒表現、そして遊び・描画などの非言語的な表現の質的側面などである。特に幼児ではその傾向が強い。可能なら、最初に言語で名前や年齢などを聞き、本人のコミュニケーション（社会的な行動）能力を確かめることもあってよい。その上でその場で遊んでもらい、親との合同面接的な場面になることが多い。アセスメントとはいえ、面接者が理解した内容を親子に受け入れられる範囲で言語化して伝えることで治療的な展開になることもある。

1 【症例E】3歳女児、最近出現のチック・糖質系の食べ物の偏食・同年齢集団からの引っ込み思案

　上記を主訴に両親と来所：車の中で眠っていたとのことで父が抱いて入室、プレイルームでも母親の横に20分ボーっと座っている（新しい場面に、親の側に退行することで防御）。言葉も発せず挨拶もできないが、その後周囲を見回し、面接者をじっと見る。球を転がす玩具に自分から1、2球入れる。面接者が声をかけるとその後、はじけたようにボール・ボーリング・自販機などを出し、父が相手になる。「キャー」と声も出て、動的に自発的に遊べる。最後には「いやだ、いやだ」と退室を渋り、自己主張する（慣れた安心できる人間関係の空間では年齢相応に遊び、自発性を発揮でき、玩具の扱い方も理解している）。両親からはこの間、下の子の出生、父方祖母の急な死去や葬儀、幼稚園受験などの出来事が重なったこと、本人は1歳頃より周囲のことに敏感で慎重であることが話される。2回目の面接も最初は母の膝に顔を載せていたが父の誘いにより短時間で遊びだす。チックは消失したとのこと。球を透明の筒形遊具に入れる遊びで「球がつかえた」状況を父が手伝って直す。担当者が「こころのつかえも父の手伝いですっきりしたね」と解釈する（最近の家族のできごとで緊張感が高まったが、本来自我や内的な世界は発達している。しかしこのケースでは、母親の婚家や周囲への緊張感が強く、それが本人にも伝わって偏食・外的世界への緊張につながっていたと思われる。それらが面接で語られ、父により遊びに誘われ、本人も緊張がほどけたことで、本来の能力が発揮でき、チックや偏食の改善につながったのであろう。父がほどよく第三者として機能した）。

第3節　小学生を対象とした場合の初回面接とアセスメント

　6歳で小学校入学という制度には、子どもの心身の機能の発達がおおむね一つの成熟の時期を迎え、最低限の身辺の自立や学習課題に向かう姿勢が形成できる年齢という期待がある。しかし、子どもが何らかの心身症状や集団生活での不適応をきたして医療にかかる時には、発達面でどこかバランスを欠いている場合や、子どもなりに心理的な葛藤・悩みを抱えて不安定になっている場合

合同面接

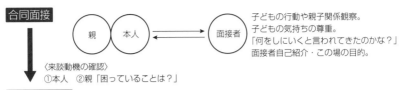

〈来談動機の確認〉
①本人　②親「困っていることは？」

本人との面接

〈再度来談動機の確認〉

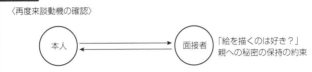

- バウム　　評価になりすぎない程度の励まし。「一生懸命描いてくれたね」
- 人物（可能なら男女2枚）
- 動物になった家族　（最後に裏に氏名を書く、3種の描画を並べて見る）。
（子どもの存在や内的な欲求や感情が尊重される場であると感じてもらう）
- 本人に今の心理的な状態・課題について分かりやすい言葉で伝える。
- 継続面接、プレイセラピーの目的を話す。

保護者との面接　（描画は本人の了解を得た場合のみ保護者に見せる）

現在の症状や状態についての経過、生育歴、家族状況などの聴取。
アセスメント：2回目以降は、子どもの面接やプレイでの観察・親面接を数回実施。
→総合的評価。

図 4-1　小学生の初回面接からのアセスメントの流れ

があるといえる。また、養育者が心配して連れてくるのであって、子どもが主体的に来ることはない。更に親子の関係も不安定であることが多い。

そういった子どもに初回面接で信頼関係を作り、そこが「自分のための大事な場所」だと気づいてもらうことは大切である。心理師の側からは、子どもの生得的な素質・環境・心理力動的な面から子どもの状態をある程度理解し、心理療法が必要かどうか検討する、あるいは養育者を含めた今後の援助の仕方を考えるのがアセスメント面接といえる。わが国では、このアセスメントに3～5回をかけるということがまだ定着しておらず、初回面接の次には心理療法に入るということもある（養育者の意識として少しでも早く何か手当をしてほしいという願いがある。また相談機関によっては、いきなりプレイセラピーに入ってしまうという場合もある）。しかし、数回かけて子どもについてよく理解する視点で臨むことは大切である。

従って初回面接は、（図4-1参照）言語的な表現がうまくできなくても子ども

をひとりの個人として扱い、子どもの内的な感情や欲求・意思などが尊重される場であることを、まずは子ども自身にわかってもらうことが大切である。最初に親子で入室してもらう合同面接の際にも、まずこの場の意味を紹介したあと、「今日は何をしにいくと（父母に）言われてきたのかな？」などと本人の立場に立って気持ちを尋ねると良い。そして「あなたは、（どんな小さいことでもいいけど）何か困っていることがあるかな？」と子どもに先に来談動機を尋ね、次に親に尋ねる。そこで今まで親も聞いたことがない内容を言語化する子どももいる。また、「何もない」と否定する子どもも多いが、その場合は、後で単独面接になってからもう一度尋ねると良い。この際、言葉で自分の中心的な悩み・葛藤について意識化し、表現できるかどうかは大事な点でもある。

　精神分析的な面接の場とは、面接者の助けを得つつも、そこから自己に自分自身で向き合いながら成長していく場所であるといえよう。また親子でここに来た目的を言語で共有し、今後のセラピーへの通所を協力して行っていく関係づくりが必要になる。

　この場での面接者の行うこととしては、①面接の場で展開される親子関係を観察する、②面接者に対しても普段の親子関係や他者との関係が投影（転移）されていると見て、「今ここで」(here and now) 起きていることを読み取り、扱っていく、③その他にも子どもの非言語的・無意識的な行動や表現を読み取って意識化し、子どもと理解を共有していくことが、特徴であるといえる。

　そこで子どもと家族をアセスメントする観点は、以下の通りである。

（１）　全体的な心理的発達がどうなっているか。
（２）　養育者と家族は、どのような社会的状況・人間関係（対象関係）を持って生活しているか。
（３）　家庭・小学校・地域など本人を取り巻く環境はどうか、友人はいるか。
（４）　現在の症状なり状態は、どのような機序・経過で形成されたのか。
（５）　本人の症状の改善あるいは人格の成長のためには、何を目的として、どのように治療的関わり（養育者に対してを含む）を組み立てたらよいか。

これらを数回の面接で行う。

　心理師によって初回面接場面をどのように組み立てるかは異なって良いが、ここでは、筆者が行っている「バウム－人物－動物家族画」という描画によるテストバッテリーを用いての初回面接の立ち上げ方を挙げてみたい。このバッテリーによる方法についてはコラムで紹介しているが、多くの子どもにとっては、描画は遊び（play）に似た行為であり、緊張しがちな初回面接の場面でリラックスしながら心の無意識的表現へと誘うことができる。そこではある意味で権威的・超自我的な（親や教師と同様）役割の面接者との場面や教示にどう反応するのか、新しい真っ白な環境（紙面）にどう自分自身を表現するか、自我の働かせ方や防衛の方法を見ることができる。そしてその面接者が、これまで出会った大人とは違い、「遊び」の要素がわかり、自分を内面から理解してくれる人と受け取れることが今後の希望の持てる継続的な関係に繋がる。

　なお、どの面接の際にも最後には、養育者に理解しやすいように、得られた「見立て」を伝え、今後の方針や面接の方向について了解を求めながら進めること（インフォームド・コンセント）は言うまでもない。次に症例を提示するが、描画についての公表は了解を得ている。

1　【症例F】女児：神経症（母親に対しての激しい癇癪）、小学1年生

　この症例は、まず母親だけが来談し2回目に本人を連れて来院。母子での面接で面接者の問いかけに「前から、お母さんのクリニックに一度相談に行こう、といわれてきた」「困っていることはない」と言い、バウムでは比較的（途切れもなくためらいのない）しっかりした線で中央部に樹を描いた（図4-2）。差し出されたA4の白紙に一応三分の二位の大きさの木を描ける自己表出力があった。生命力を表わすと言われる幹は安定した平行線だが、全体に中央よりやや左寄り（図4-3：グリュンワルドの図式〈コッホ1970〉で言えばやや内向）で根っこは尖っており宙に浮いている（地面がない）感があり、やや小さめの樹冠の上にまで枝が出ている（木自体は画面に浮いているようで母親的な大地への根付きが不安定、それへの攻撃性があるかもしれない。樹幹や枝や葉の付き方はまだ未成熟で整わず、衝動が勝っているかもしれない）。

　〔備考　「バウムテスト」「人物画テスト」については多数の研究書が出ており、参考にしてほしい。

バウム

人物（女）

人物（男）

動物家族画

図4-2　症例F：女児・小学1年生の描いた絵

筆者もそれらから身に付けた感覚で判断しているが、ここでは「グリュンワルドの空間図式」（コッホ）と動物家族画の本の著者ブレム＝グレーザーがあげている「筆跡学的分析」に沿っている〕

　Fは「学校にある、皆を元気づけるメタセコイアだ」と言った（学校の木をイメージ、木の名を覚えており、良性の超自我的なイメージを想起したとも言えるが、こうした場面ではやや「良い子」的に反応する可能性もある、想像力は豊か）。次の人物画2枚（本人の性を先に描くので女性と受け入れている）も、大きさは画面の半分程度、2年生にしては形態がしっかりして各部分を描き分けている。足が画面下に落ち着いている。対外的には笑顔で腕を張って頑張っているようであり緊張感も表わしている。ここまでは、外の世界に向けて「良い自己」を

第4章　子どもの精神分析的アセスメント　65

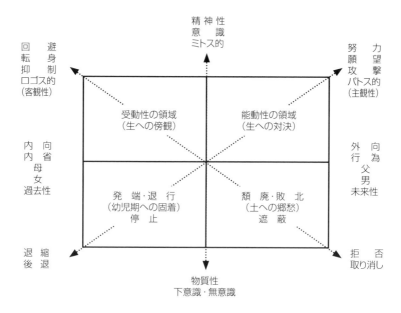

図4-3 グリュンワルドの空間象徴図式〔C. コッホ『バウム・テスト―樹木画による人格診断法』林勝造他訳（1970）より〕

見せている様子が見える。

　動物家族画では、より自由な表現が見られた。まず何かを訴えているかのような弟をネズミ（歯が見える。歯・角・爪などは攻撃性の表現でもある）の上半身のみで描いた（最初に描く家族は重要な人物であると言われる。「両親を取られた」弟の存在は大きいのだろう）。次に大きく父をトラにして（頭の上や足の先などが黒く塗られており歯が見える）弟の隣に並べて描いた。続いて少し離して母をウシに描いたが、母は体の後ろが画面で途切れている。やや距離があり、不完全な存在。本人がいなかったので「あなたは？」と聞いたところ、即座に上にモコモコの毛皮のあるヒツジにして（父と母を独占し支配するかのように横長に）大きく描いた。「家族のどんなところがその動物に似ているか」を聞くと、「皆干支だけれども父は大きく怖い、はっは（母）は時々〈もう！〉というし、大人しい」「弟はよく動くから」と言い、「弟は自分に甘えたりする、赤ちゃんの時イナイイナイバアしてあげた」と弟に対しての姉としての良い関係も強調したが、家族全員が口を開いており、本人以外は口に歯が描かれ、口唇期的な欲求や攻撃性が感じられる。ウシやヒツジなどの動物選択には乳児的な依存欲求

も読み取れる。全体には可愛らしい哺乳類の動物家族であり、想像力もあり情緒的な交流が感じられる（なお、動物家族画では動物の配置は自由であり、「グリュンワルドの空間図式」は参考にしない）。

　この子は乳児期より泣きが強く両親を困らせていた。おそらく気質としても敏感な性質を持っていたであろう。弟の妊娠・出生時より母への乱暴があり、両親が困り果てていた。

　本人は理解力もあり情緒的な象徴的な表現もできる様子で、「本当は貴女ももっとお父さんやお母さんに甘えたり言うこと聞いてほしかったりするのかも、でも弟が中心になってしまうことが多いと思うのでは？」「絵を描くことで、よく自分を表現できるけれど、もう少し楽しく皆とお話しできるようになるといいね」と話した。

　遠方からの通所で月2回のプレイセラピーと時々の親面接に導入し、3年間続いた。神経症的な水準の症例と思われたが、母親的なものとの関係修復を目的に相談を継続、症状は軽くなり、母と言語でやり取りすることが増えた。ストーリー性のある家庭のごっこ遊びもでき、学校での適応もよく、知的にも文化的な水準も高いように思われたが、怒りなどが直接的には表われにくく、本人の持っている不安や勘の強い部分と、母親との間の壁を隔てた向こうにあるような関係性がなかなか埋まらなかった。背景には、自営業で父方祖父母の力が強かったことや父母の世代の家族としての自立の葛藤も感じ取れた。

2 【症例G】男児：学校での不適応・被虐待、小学2年生

　担任から「着替えに時間がかかり行動が遅い、忘れものが多い」と指摘されたGは小児科に受診後、1週間で心理初回面接を受けた（特別支援教育が始まる前の症例）。待っている間もソファーでゴロゴロと寝ころんでおり、きつく叱る母の声が聞こえる。玩具が少しだけ見えるプレイルームの応接コーナーに入った時、Gは緊張して面接に臨むことがなく、すぐに棚に見えたボールを手に取って遊び出す。椅子に座るよう筆者に言われると来るが、すぐに横になって母の背中に顔を隠し、社会的な場面に合った行動が取れない。「今日はお母さんに何て言われてここに来たかな」と聞くと「忘れちゃった」「何も言われてこなかった」と言う。筆者はこの面接場面について説明し、自己紹介して、

バウム　　　　　　　人物

図4-4　症例G：男児・小学2年生の描いた絵

「G君は何か困っていることがあるかな」と尋ねるが、「あるわけない」と反抗的である。母は横から「あんたがいい子になるために来た！」という。

面接者に対しても素直になれないことが見てとれたが、一回母親に外に出てもらい、本人に描画を試みた。絵を描くのは好きとも嫌いとも返事がなく、目もきょろきょろして落ち着きがなかった。バウムの教示をすると、「かくだけ〜」と紙一面にさーっとなぐり描きの素早さで線を描いた（図4-4）。

木というよりは草のような絵である。こうした場面では、描かれた結果の絵より本人の心に起きている感情（権威的な強制力のある場面への抵抗）をくみ取り言語化（解釈）してあげることが大切である。「G君はお母さんに〈悪い子だからここに行く〉と言われて本当は来たくなかったんだね。何をされるのかと思うと嫌になっちゃったね。でも、今私に木の絵を描きなさいといわれて、一応大人の言ったことは聴こうと思って描いてくれたね」と話す。現在眺めるとこの絵は、一本線であり樹とは言いにくいものの、ためらいのない幅のあるのびやかな線で描かれ、全体が画面に収まっている。とにかく描くという衝動が、環境からの圧力を感じながらも大きいことがわかる。そしてとりあえず紙という枠も意識している。また、上の丸い部分は一つの閉じた円であり、本人なりの自己という意識も芽生えていると思われる。根っこは地面の線の下に何本も描かれ、母なる地面に根づきたいというテーマも表れているのだろう。引き続き、一応人物の絵も描いてもらうと、やる気が乏しく○と（人という字のような）手足だけの絵であった（図4-4）。

それ以上には面接や描画を続けるのは無理そうであったので、面接者はボールでのキャッチボールに誘う。向かい合うと、すごい勢いであちこちに投げてくる。彼の中に怒りや不満や衝動が渦巻いており、大人に受け取ってもらおう

というコントロールはできないことがわかった。まだ足で蹴り合う方がやりとりをしている形になった。大人との間で一対一の安心感を築けていないことが伺われた。

　その後、母親と面接する時も彼は部屋を出たがらず、面接者は同室で遊んでいることを認めた。いろいろな球をころがしたりジャンピング・ボードで跳ねたりしながら、母が自分に都合の悪いことを説明すると玩具の刀を突きつけたりこぶしを上げて近づいてきたりする。が、どこかで甘えたい気分を感じ取ることができた。面接者は自分の都合の悪い事柄を話されたくない気持ちを言葉にして伝えた。

　母親の話から、本人が手先も全身でも運動面で不器用さがあり、注意も散りやすく、左右の靴の区別もできないことがわかった。そこではもともと持っている器質的な要因（認知的なアンバランス）も疑われた。体育の着替えの時はいつも時間がかかり遅れて参加していた。授業中は座っていることができるが、姿勢が悪くいつもぐにゃぐにゃしている。宿題やテストなど勉強はこなせるので、知的には大きな問題がないようである。友人とは遊びたいが最近相手にされないという。

　更に注目すべきは、弟よりも聞き分けがなく、同じことでも「叩いたり殴ったりしないとわかってくれない」と母が思っていることであった。両親とも常勤で勤務し、特に母は忙しく、毎日近くの祖父母の協力を得ながら生活していた。父は「怒鳴ったりすごんだり」するのでその勢いで本人は大人しくなるという。本人は大泣きしだすと30分から1時間も止まらない状態になっており、両親ともお手上げになっていたが、両親の関わりは虐待と言っていい状態だった。

　一方、本人は人目のある所でも母の胸をさわるなど乳児のような状態であった。体を使って母に接触しながら、情緒的には満たされていなかった。生育歴では、生まれてからしばらくミルク飲みが悪く体重が増えなかったそうだが、発達に大きな問題はなく、もともと臆病な性格だったという。一応児童精神科医にも受診したが、器質的要因はあるものの薬を飲むほどではなく、親子関係の情緒的な側面からとりあえず相談を開始、週末にプレイセラピーを受け、母親と時々父親も並行面接を行った。

母親自身も今の状態を変えなければと強く望み、自分を振り返ろうという意欲があったことが面接の続いた要因である。母親には、Gは感情の表現がはっきりせず、お酒を飲むと人が変わる夫に似ていると思われ好きになれなかった。また母親は自分も厳しく躾けられて育ったので、子どもには強い言葉で働きかける方法しか思いつかなかった。Gは、ガソリンスタンドを飛行機の燃料補給基地に見立てるなどの象徴的な遊びもすることができた。母との関係も紆余曲折あったが、3年生の後半には適応的な行動が取れ、友達とも遊べるようになった。母も父との関係を見直し、子どもを受け入れられるようになり、4年生になる頃に面接を終了した。

3 【症例H】男児：発達障害（自閉スペクトラム症）、小学4年生

症例Hは、学校でルールの理解ができず、気ままに帰ってしまうことがあるという理由で診断を求めて受診された。1歳台からペットボトルにチェーンを入れる遊びに熱中、いきなりどこかに走って行って迷子になる多動性もあった。乱暴はせず、サッカーに入ってもひとり地面に絵を描いていたという。こだわりは強くない。3兄弟の長男である。

初回心理面接で「今日は（母に）何て言われて来たかな？」というと「早くしなさい」と言われたと答え、本来の質問の意味を理解していない。「困っていることは？」「うーん、ほとんどない。いつも遊戯王カードで遊ぶけど弱いと言われる」。バウムを描いてもらうと、「そこいらへんの木」と言って、まったくためらいのない安定した描線でのびやかに樹冠の円を、画面に対してほどよく大きく（周囲からの圧力を気にせず）描く（図4-5）。が、中に枝や葉はなく空虚であり、少し左寄りの幹はほどよく太く安定して、枝が上の樹冠（頭のようにも見える）を支えている。根っこは5本先が開いたままで地面はない。ためらいのない〈マイ・ワールド〉が画面の中に存在していることがわかる。次に人物を描いてもらうと「ボー人間でもいい？」と自分から言い、図のような◯と線の手足を上の方に描く。3番目に動物家族画の教示をすると「そういうの（昔話で人間が動物になる）知らない、あ、カエルが王様になった……シュレック〔注：米国のファンタジー映画の主人公〕みたい！」とカエル1匹を中央に描き、誰ということはない。「君のお父さんが動物になったら何になる？」「恥ずかし

くて言えない」といい、会話のやりとりは「文字通り」の次元に留まり、想像力が働かせられず、自分の記憶にあるキャラクター的なものが思い浮かぶようであった。

知能検査（WISC-Ⅲ）を実施したが、母親は「受けられただけでも進歩です」と話す。言語性IQ93、動作性IQ92、全検査IQ92で差はなく、算数・数唱・配列は評価点12～13と高いが、類似・理解・符号・組合せが評価点5～7と低く、極端に差があることが特徴的だった。全体的に、周囲の状況を気にせずマイペースで、想像力の乏しいところが自閉スペクトラム症の特徴をよく表わしていた。

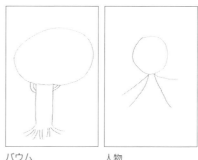
バウム　　　　人物

動物画

図4-5　症例H：男児・小学4年生の描いた絵

4　【症例I】男児で症例Hの弟：集団不適応、発達障害（ADHDと情緒的問題）、小学1年生

授業中じっと座っていない、友達にちょっかいを出す、母が弟も診断してほしいと受診。

3歳で弟が出生して以降、激しい泣きわめきがあり、赤ちゃん返りがひどかった。多動は見られなかった。家では現在兄弟と仲が良く、弟にも優しいが、5歳になっても落ち着きがなかった。母の話では、「知的には兄よりも進みすぎている。『窮鼠猫をかむ』など語彙豊富である」。

心理初回面接では、バウムとして、画面に対し左寄り（「グリュンワルドの空間図式」の内向）で小さめの木を描く（図4-6）。枝や葉が下を向いたようなひしゃげた感じで、普段から大人に注意・叱責されてその圧力に打ちひしがれているかのようであり、地面に根っこを尖らせて立っている。「オレンジの実」と本人なりの想像がある。「一生懸命描いてくれたね」と励ますと人物も描い

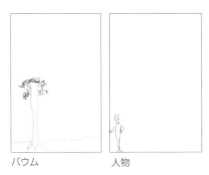

バウム　　　　　人物

動物家族画

図4-6　症例Ⅰ：男児・小学1年生の描いた絵

てくれたが、更に小さく、左に内向して「男の人」を描いた。本人が日頃、非常に萎縮した気持ちでいることが感じ取れた。しかし、動物家族画を描いてもらうと、非常に見事にその想像力が発揮され、それぞれの家族とその動物が描き出された。「お父さんは体が大きく、怖いこともある」と中央に牙が鋭く鼻の長い、顔の大きなゾウとして描かれた（なぜか2本足であるが、牙には父の攻撃性を、またゾウの鼻は男性性器を象徴しているかもしれない）。最初に描かれた弟や兄は自分より目立つ存在であるのか、「顔が似ているから」サルとキツネであると言い、この父に見張られているかのようである。「お母さんは優しい、僕の味方」という母は本人の前にあり、小さな小鳥ながら、嘴がとがっていて、大きなゾウを監督しているようである。自分は最後に描かれるが一番母の近くで後ろにいて守ってもらっているのであろうか。弟より小さいサルであるが、兄弟の中でも自己肯定感が低いのかもしれない。全体には父の存在感が大きいようであるが、母が実際にはすべてを俯瞰的に見て忙しく攻撃的にコントロールしているという構造も見えるようである。

　この兄弟の症例は、診断結果を持って遠方へ転居されたため、その後関わることはできなかったが、同じ発達障害の兄弟でも、それぞれの特性によって違った心的な世界を持っていることが描画にも表わされた。また弟の方は、想像力や意味の理解力を豊かに持っているが、行動面で落ち着きがなく、周囲の世界との適応は葛藤的でうまくいかず、情緒的に萎縮しており、援助を必要としているといえる。

　動物家族画は本人の了解を得て養育者に見せることができると一目瞭然で、

家族関係の話をすることができる。このふたりの母親とも、夫のことも含めた家族の関係について話し合うことができた。

第4節　おわりに

　以上、五つの症例について初回面接及び描画の表現を中心にアセスメントの内容をまとめた。大切なことは、主訴の内容を踏まえつつも、まずは子どもの内面を理解し尊重しようとすることであり、神経学的な発達・親や家族との対象関係・本人の心理的な防衛や自我のあり方の特徴・学校など取り巻く環境の状況を含めた総合的な理解を心掛けることである。そして、子ども自身のこころに届く言葉、親にも納得のいく言葉で理解の内容を伝え、次の援助の手立てへとつなげることであろう。明確には分けられない面もあるが、おおむね神経症的な水準なのか、被虐待などにより自我や自己の発達なども更に未熟な段階であるのか、発達障害があるのかなどを捉えつつ、その後の支援の仕方を考えていくことになるだろう。

文献

1) Brem-Gräser, Luitgard (1957) *Familie in Tieren*. Ernst Reinhardt Verlag.〔井口由子訳『動物になった家族——子どもの動物家族画テスト』川島書店、2009：同（株）22世紀アート、電子書籍版、2018〕

2) 木部則雄『こどもの精神分析——クライン派・対象関係論からのアプローチ』岩崎学術出版社、2006

3) コッホ、C.『バウム・テスト——樹木画による人格診断法』林勝造、国吉政一訳編、日本文化科学社、1970

① 三種の描画テスト・バッテリーを用いる方法について

　マルタ・コス＝ロベス（M. Kos-Robes: オーストリア・ウィーンで活躍した児童精神療法士）とゲルト・ビーアマン（G. Bierann: ドイツ・ビュール／ケルンを中心に活躍した小児科医で精神分析家、長年ドイツの児童精神療法の指導的立場にあった。アンナ・フロイトのハムステッド・クリニックで2年間働いた初めてのドイツ人医師）は「魔術師が来てある家族に魔法をかけたら何が起こるか想像して絵に描いてごらん」という「魔法にかかった家族」という投影法テストを考案（1973）し、精神分析的な欲動発達や自我心理学的な観点から解釈を施し、本を出版している（"Die Zeichentest-Batterie Ein tiefenpsychologischer Zeichentest" Ernst Reinhardt Verlag. 1984）。

　この絵には、魔法で動物にされた家族の姿も4～5割登場する。また彼らは、〈バウムテスト〉〈人物画テスト〉〈「魔法にかかった家族」テスト〉の三種の描画テストバッテリーによる千人以上の子どもの結果をもとに、この方法でアセスメントすることの意味について論文を書いている（"Die Zeichentest-Batterie Baum-Mensch-Verzauberte Familie" Prax. Kinderpsychol. Kinderpsychiat. : 35: 214-222, 1986）。

　そこでは、バウム・テストに「描画者の自我・自己のあり方」、人物画に「自己像・両親との関係・性的なポジション」、「魔法にかかった家族」テストに「家族のイメージや関係性」が表現されるとして、面接の中で自己－両親像－家族関係へとやり取りを深めつつ、より子どものこころの深層へ誘う方法として用いている。

　筆者（井口）は、日本には本来「魔術師が魔法をかけること」による変身という文化はなく、昔話等でも人間から動物へと場面が変われば自然に変身して表われるという特徴から、L. ブレム＝グレーザーの「動物家族画」がより適合していると考えて、「バウム－人物－動物家族画」という三種のテストのバッテリーを考案した。

② 「動物家族画」（英語名：Family Drawing in Animals）とは？

　ルイトガルト・ブレム＝グレーザー（L. Brem-Gräser. ドイツ・第二次大戦後ミュンヘンの教育相談の草分け的存在で長年指導的立場にあった心理士）が考案した「家族を動物にして描いてもらう」描画テスト（原題ドイツ語 "Familie in Tieren"。原著は Ernst Reinhardt Verlag より 1957 年に出版、2011 年、第10版）で、ドイツ語圏では

> ●教示
> 「あなたは、昔話を知っているでしょう？ 昔話では、しばしば動物が人間に姿を変えたり、その反対のことが起こりますね。そこで、あなたの家族が動物（の家族＊）になったと想像してみましょう。そしてあなたの家族全員を、もちろんあなた自身も、（それぞれ）動物にして絵に描いてみましょう」
> 　（描画後、描いた順序に番号を付け、家族名と動物名を書いてもらう）（その動物にその家族はどんなところが似ているか、質問し、家族の話のきっかけにする）
> （＊原語は eine Tierfamilie 直訳すると「ひとつの動物家族になったら」）

図 1

よく使用されている。（井口由子訳『動物になった家族──子どもの動物家族画テスト』川島書店、2009：同電子書籍版 22世紀アート、2018）。

〈教示と解釈について〉

　わが国では、実際には A4 の白紙に 2B の鉛筆を使用、日本語版の教示は図1参照。表1はブレム＝グレーザー版をもとにした解釈の指標である。ヨーロッパでは、鉛筆の描線の描き方にも筆跡学的な考察＝心理的な意味を読み取ろうする見方があり、まずは描線の構造、輪郭や影、絵の大きさなどを検討する「形式的な分析」（「筆跡学的分析）を行う（表1）。

表1　「動物家族画」の解釈の指標

（1）筆跡学的分析（絵の大きさ・描線の性質等）
（2）動物の描かれた順序
（3）動物の種類（同じ種類の動物か等）
（4）描かれた動物家族の相互関係（グループ構成）
（5）描かれた動物の大きさ（現実との比較を含む）
（6）描かれた動物のふるまい・態度
（7）動物の性格（象徴的なものを含む）
（8）子どもの持っている問題性についての総合的な解釈

●描画における「筆跡学的分析」の観点
（1）描線の構造（それぞれの心理的な表現を見る）
　　（a）描線の性質：「筆圧が強い－弱い」と「太い（幅広い）－細い」
　　　　　しっかりした（筆圧が強く－太い）
　　　　　やわらかい（筆圧が弱く－太い）、
　　　　　鋭い（筆圧が強く－細い）、
　　　　　繊細な（筆圧が弱く－細い）
　　（b）描線の運び：弾力のある－弾力のない
　　　　　安定している－安定していない
　　　　　途切れがある－連続している
（2）画面への扱い：輪郭をとる、影をつける、
　　　　　斜線を施す、または格子柄、黒く塗る
（3）形の大きさ：大きな形、小さな形

〔ブレム＝グレーザー版を改訂したもの。井口、動物家族画『臨床描画研究Ⅹ　特集変法家族画』金剛出版、1995、56-71〕

表2　動物家族画に表現される「本人と家族の関係」の分類

型	表現	解釈	数（人）
孤立型	（本人）小さい、最後に自分を描く、離れている、動物の種類が違う、違う方を向いている、表情が違う	孤立・萎縮・弱者・異質	15 26.3%
並列型	家族全体を並べて描く、同じような大きさ・姿・形で描く	個々の特徴が不明確・感情の抑圧と未分化	11 19.3%
支配型	（本人）上部に描く、上から見下ろす、飛んでいる（鳥等）、強い動物、爪・嘴・歯等の攻撃性の表現	支配・孤立感・攻撃性	8 14.6%
自分中心型	（本人）大きく描く、最初に描く、真中に描く、両親の間に描く、哺乳類の家族	自分中心・保護・注目・一体感	5 8.8%
親支配型	（親）大きい、上にある、圧している、獰猛強い動物、爪・嘴・歯等の攻撃性の表現	絶大な力の支配・親の威圧・脅迫・本人の萎縮	3 5.3%
その他	ある程度の表現は出来ているものの、上記に分類不能		11 19.3%
拒否型	描画を中断	感情表現の拒否・家族イメージの未成立	4 7.05%
計			57

〔井口「1990～2003年の57症例の分析」研修会資料、2010〕

　次に「内容的な分析」として、表1（(2)～(7)）に挙げたような点を指標とする。(2) 最初に描かれた動物は、良くも悪くも本人にとって重要な家族メンバーである。本人が最後に描かれることは（まず他の家族を思い浮かべるという過程から）普通にあるが、これにひとりだけが小さい・異種の動物・離れているなどが加わると、家族からの孤立感や疎外感を表わすことがある。(3) 同じ種類（全員ウサギなど・また霊長類など）で家族を描く場合は願望としてなのか本人の実感としてなのか一体感を表わしている。(5) たとえば父がゾウであるのに子のネズミより小さいなど現実に沿っていない場合には、本人の願望と現実の差を表わしていることがある。(4)(6)は描画に見られる相互関係や情動的な表現を含む。他の情報と合わせて総合的に解釈することが重要である。

　筆者が症例に用いた経験では、表2にあるような表現の種類が見られたので、参考にしてほしい。ブレム＝グレーザーは、（父親的な）「力の体験」・（母親的な）「安心感の体験」・きょうだいを含めた「ふれあいの体験」の三つの軸を組み合わせて解釈を行っている。しかし、解釈は本来、型にはめずに各描画により自由である。

③ この三種の描画法の妥当性について

これまでの研究結果を表 3 ～ 5 に示している。

表 3　臨床的な使用の妥当性（1）某小児科クリニックの心理初回面接で 1991 年～ 2010 年にこの三種の描画を行う方法を用いた結果

神経症・不登校・心身症・広汎性発達障害（現在の自閉スペクトラム症）・ADHD と LD・被虐待等、男 75 女 74 件　計 149 件
・男女別：男 54.1%、女 82.0%、全体 68.5% で 3 分の 2 の子どもに 3 種類の描画が可能であり、女子の方が有意に（0.1% 水準）高く、好んで描いた。
・学年別：1 ～ 3 年の低学年では 75.0%、4 ～ 6 年の高学年では 58.6% が描画可能で、年齢が低い方が描く率が有意に（0.5% 水準）高く、好んで描き、高学年の方が抵抗があった。
・描ける場合には、おおむね（50 分のうち）10 分～ 20 分程度で描ける。
・三種の描画を描けなかった理由は、検査状況を見ての臨床的な判断や本人の拒否のほか、動物家族画を描かず他の絵を描いた場合を含む。

〔井口「国際ロールシャッハ及び投映法学会第 20 回日本大会抄録」2011〕

表 4　臨床的な使用の妥当性（2）（続き）

「バウムと人物は描けたが、動物家族画は描けなかった 31 例」の特徴
・自分の内的なイメージを認識し、自分で思い描いて絵にする形で表現することが困難：人物の形態もあまりよくない（「棒人間」では動物家族画も描けないことが多い）。
・家族（場合により特定のメンバー）について動物というイメージにまとめることが困難：心理的な傷つきや葛藤があまりに強い。
・強迫神経症（10 名中 3 名）や広汎性発達障害（9 名中 6 名）にみられるように、すでにある形（キャラクター）を用い、想像力が乏しい。

表 5　この三種の描画テストを用いる方法の特徴

(1) 6 歳以上の小学生に適しており、安心して用いられる。
　　動物家族画は女子や学年が低い方がより好んで描き、高学年になると抵抗がでてくるが、好きな動物の絵などに転化できて使用上困ることはない。
　　思春期では抵抗が強く慎重に用いる必要があるが、時には大人にも適用できる。
(2) バウムは抵抗が少なく導入として適している（9 割以上が可）。人物画は自己像に関係し、これが描けないと、動物家族画も描けない。
(3) 家族メンバーを動物に置き換えることは、変身の作業＝象徴化を前提としている＝想像力が必要であるので、その点の評価に用いられる。→遊び・空想の世界に誘い、プレイセラピーに導入しやすい。
(4) 動物のイメージを話し合うことで、初回から家族メンバーのイメージや本人との関係、家族の雰囲気を意識化することができ、面接者と共有することができる。

第5章
子どもの精神分析的心理療法プロセス

吉沢 伸一

第1節　はじめに

　本章では、児童を対象とした精神分析的な個人心理療法の設定とアセスメントを含む、プロセスを概説する。心理療法を成り立たせるために必要不可欠な最小限の留意点を示すが、参考となる文献を付記するので、詳細はそれらを参照し理解を深めて欲しい。

第2節　心理療法の立ち上げ――設定とアセスメント[8)][12)]

1　設定をめぐる対話

　医療現場で患児とその家族に最初に向き合うのは、多くの場合は医師である。心理療法を成立させるためには、まず医師をはじめとした医療スタッフに、心理療法の設定や治療的意義について、日頃のコミュニケーションの中で理解してもらえるよう努める必要がある。そのためには、治療者自身が平易な日常語で説明できる必要がある。精神分析的な心理療法を実践する現場で、どの程度理解されているのか、許容されているのかは、分析的設定の根幹と深く関わっている。

　さて、心理療法が導入されるのは医師による場合が多い。その導入のされ方と、それをいかに患児と家族が受け取ったのかを見立てることがまずは重要となってくる。更には、診察での心理療法の導入をめぐる家族と医師の力動性を

考慮する必要もある。これらの理解に基づき、心理療法の意義を説明し、患児と家族、彼らを取り巻く環境を総合的に理解し、心理療法を協力して行うことができるかをアセスメントすることになる。医師のオーダーですぐに心理療法が開始されることも多いようだが、3〜5回程度のアセスメント期を設け、患児と家族を見立て、心理療法がどのように役立ち得るのかを彼らや医療スタッフと共有し、その上で心理療法を開始すべきである。心理療法はある一定期間継続して行う実践であり、患児が継続的に通院できるのか、実際の家族状況を踏まえ見定める必要がある。医療機関では、顕在化した症状が問題であり、そこに焦点が向けられるのは当然であるが、精神分析的心理療法は、症状化せざるを得ないでいるこころの状態を理解し、その修復あるいは発達を促進させるアプローチである。目に見える症状が消失する場合も少なくないが、患児のこころの状態を、彼や彼女と関わる重要な大人たちが協働して理解していこうとする環境自体が意味を持つ。このことは心理療法が役立つためには必要不可欠であり、治療者にとってはこの調整がまずは大切な仕事の一つである。とりわけ心理療法の導入の影響で、患児の安全環境が損なわれる可能性がある場合は、導入を控え、親へのマネージメントを最優先する場合もある。アセスメントについての詳細は、第9章を参照してほしい。

2　設定の二側面 ── 外的設定と内的設定

　設定には外的設定と内的設定があり、二つは連動している。設定の中に患児のこころが表現され、それを治療者が考えていくことが基本姿勢であるが、設定自体にどのような意味があるのかを十分に理解しておく必要がある。

1）外的設定

　外的設定とは、心理療法を行う部屋の場所や時間を一定に構造化することである。部屋は毎回同じ場所で行うことが原則である。それは、ある特有のパターン（こころのあり様）を見出しやすいからである。患児は、一定の刺激の部屋の細部や微妙な変化に反応するが、その意味を考えることでこころの理解が得られることも多い。そのために、治療の道具も一定にして準備する。部屋は構造化して使用可能な面接室があれば十分である。多くの玩具を準備する必要はなく、患児の状態と照らし合わせ、言葉にならない気持ちを表現できる道

具を工夫して準備する。私は、患児それぞれに専用の箱を設け、その中に、紙、鉛筆、消しゴム、粘土、折り紙、家族人形、いくつかの動物人形を準備している。また、他の患児たちと共用のものとして、色鉛筆、鉛筆削り、鋏、糊、木工用ボンド（固まった粘土をつなげるため）を準備している。更に、患児に応じて、動物や恐竜のフィギュア、ミニカー等を追加している。それぞれの現場の状況に応じて工夫が必要である。

　時間については、基本的には45分か50分の時間枠が設定されるが、患児の不安状態によっては30分にするなど、アセスメントを踏まえて決定される。また、頻度については、週1回の実践が基本的だが、これも患児の状態を踏まえて設定されるべきである。患児の状態が深刻で、家族のキャパシティーがあり、現場での様々な調整が可能ならば、週複数回の実践がより役に立つ。隔週や月1回という頻度になると、治療者の高い力量が求められる、いわば超応用編である。私は、事例検討会やスーパーヴィジョンで他の治療者が実践する隔週のケースを検討することもあるが、そこでの実感からは隔週でも役立つ場合があり得る。ただし、頻度の少ない治療を患児が使用できる能力があることと、治療者が患児の諸々の情動を的確に捉え理解できる能力があることが前提である。

　いずれにせよ、長期的に継続し関わり続ける中で、患児は部屋の中や治療者との関係性の中に心的世界を展開させ、治療的交流が生まれる。なお、親と分離し、患児と治療者で心理療法を行うのが基本であるが、それが難しい場合は一緒に行うこともある。この場合は、分離に至るまでのプロセスに治療的な意義があり、最初から無理に親から分離させて実践する必要はない。この事態を親といかに考えるのかという協働作業は、子どもの心理療法の設定の重要な一部である。親との関わりは、第6章と第7章を参照してほしい。

2）内的設定

　治療的交流を促進するのに重要なのは、治療者の内的構えである。治療者は、患児が展開させる遊びや表現する素材で、何を伝えようとしているかを考えていくことになる。患児が抱く空想、内的対象との関係性、不安や恐怖が、象徴的に表現される場合もあれば、一見象徴性があるようで具象的に表現される場合や、排泄的に表現される場合もある。その性質を理解する上で重要なのは、

家族関係、生育歴、現病歴などを踏まえ、治療者の感受性が患児との関わりで発揮され、患児から伝えられる様々な情動を心の中に留め置き、感じて考える営みに自分自身を晒し続けることである。ときには激しい情動に動かされる。ときにはさざ波のような情動が静かにこころに浸透する。ときにはこころが何も動かず麻痺することもある。これらの治療者自身の情動体験やそれから生起する思考をモニタリングしつつ、患児との関係性と、患児の内的状況を理解しようとする。この営みを成立させるためには、一定の継続的な分析的な訓練が必要となってくる。治療の道具はまさに治療者自身であり、治療者は内的構えを常に検討し臨床的な観察能力を洗練させるよう努め続けることになる。

第3節　心理療法プロセス

1　アセスメントから終結までのプロセスの概略[8)12)]

　アセスメントを経て、心理療法が開始されることになるが、終結までのプロセスの一例を示したのが図5-1である。患児との心理療法プロセスは、継続的なセッションと休暇、それを踏まえた親との振り返り面接の連続したリズムによって成立している（図5-1は、休暇中に振り返り面接をすることを意図していない。状況に応じて柔軟に対応する必要がある）。夏や冬などの比較的まとまった休暇（＝分離）を巡る交流に、治療的意義が見いだせることも多い。親のマネージメントについては、主治医あるいは他の心理士や医療スタッフが行う場合でも、心理療法を担当する治療者が、直接両親・養育者と患児について話し合う機会は必要不可欠である。家庭や学校の状況やそこでの患児の様子、心理療法における患児の変化や課題を分かち合い、治療の進捗具合を共有する。親が抱えている心配についても話題になることがあり、必要に応じて対応を考えることになる。多くの親が様々な困難を抱えながらも、継続的に通院することに努力している。そのことを治療者は理解する必要がある。また、心理療法に対する疑問等を率直に話し合い検討できる関係性の構築は、心理療法を継続させ患児の成長を促すための基盤となる。振り返り面接において、家庭の諸問題、患児の改善がみられないこと、治療者に対する親の否定的感情、あるいは症状の

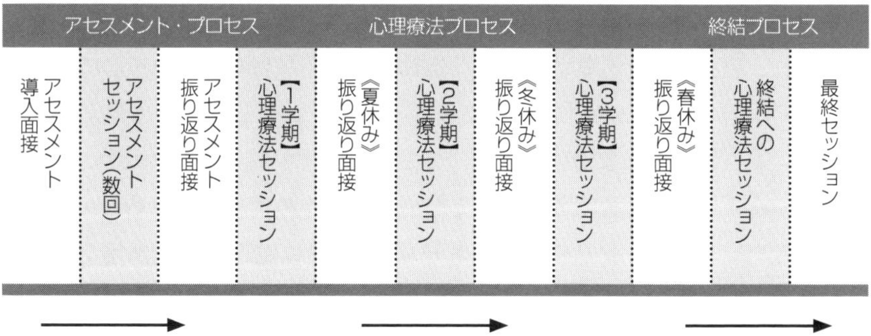

| アセスメント・プロセス | 心理療法プロセス | 終結プロセス |

アセスメント導入面接 | アセスメントセッション(数回) | アセスメント振り返り面接 | 【1学期】心理療法セッション | 《夏休み》振り返り面接 | 【2学期】心理療法セッション | 《冬休み》振り返り面接 | 【3学期】心理療法セッション | 《春休み》振り返り面接 | 終結への心理療法セッション | 最終セッション

図5-1　アセスメントから終結までのプロセスの一例

消失や諸々の理由で心理療法を終了させたいと考える親の気持ちを話し合うことになる場合もある。心理療法の必要性をあらためて検討し、その認識を促す機会となり得る。一方で、現実的に継続が難しいと判断される場合もある。その場合は、すぐに終了するのではなく、可能ならば一定期間の終了・別離をめぐる作業が行えることが望ましい。また、十分な変化や成長が認められた場合には、患児や関係者との対話の上、終結日を決めて、終結プロセスの作業に入る。振り返り面接は、母親のみではなく、可能な限り両親や養育している重要な大人と一緒に行うことが望まれる。患児が参加するかは、患児の状態や意志、親子関係、心理療法の展開を考慮し、その必要性を検討する。終結の日には、患児も含めた家族で話し合い、必要に応じてフォローができることを伝える。図5-1は、簡略化したプロセスであり、患児の成長を促すためには数年かかることが通常であるし、内的混乱や、心的な基盤の弱さの程度によっては、より長期に渡って関わりを持つこともある。

2　初回面接および初期対応

アセスメント導入面接では、はじめに親とだけ会うのか、親子で会うのか、状況に応じた判断が必要である。いずれにせよ心理療法を行う上で、患児との最初の出会い、あるいは初期の時期は、とても重要な意味がある。患児は、抱えている心理的な問題や自身の本質的なあり様、不安や期待を、様々な表現で治療者に伝えてくる。最初に治療者が試されるのは、それを受け取ることがで

きるかどうかである。アセスメント・セッションでは、治療者は患児の困難さやニードについての理解を伝え、更に患児の反応を見ていくことになる。患児が理解されることをめぐり肯定的な反応を示すのか、あるいは知られることへの不安を反応として示すのか、そもそも理解が異なることを示すのかなどを、その後の観察の流れの中で見定めることは、アセスメントに必要な作業である。そして、その交流自体が、治療者が面接室で関わるやり方を提示することにもなり、また患児にとっては心理療法への動機づけを高めることにつながることが望ましい。自分の問題を言葉で語る子もいれば、それが難しい子もいる。絵を描くこと、粘土で何かを作ることの方が表現しやすい子もいれば、落ち着きのない動きなどの行動でメッセージを伝えてくる子もいる。次に、事例を見てみよう。

【事例 J】

小学校3年生のJは、落ち着きがなく、暴力的で、母子関係の悪化の末、来院し私との心理療法が開始された。母親は仕事に没頭しネグレクト傾向があり、Jの暴力には暴力で応戦せざるを得なかった。夫婦関係の問題もあった。Jは、初回面接で積み木を幾つも重ねた。ある高さまでいくとそれは崩れ、Jは再度崩れるまで積み重ね続けた。私はJの、積み上げても壊れてしまうとという内的体験が示されていると感じた。更に、何とか修復しようとするJもいるようであった。Jの母親への暴力的な関わりは、歪んではいるが何とかつながろうとする死に物狂いのやり方でもあった。Jは、母親に拒絶され逆に怒られ疎まれることにより、更に母親に反撃していた。ふたりの関係性は安定感の欠如した破壊的なつながりであった。まさに積み上げてもすぐに壊れ得る関係性である。また、これには、夫婦の不和により、家族自体がバラバラになる危機的な状況を不安に感じ訴えている側面があるとも理解された。私はこれらの理解を伝え、攻撃し合わなくても壊れない関係性について考えてゆく必要性をJに伝えた（このことは後に両親とも共有した）。その後、Jは粘土をこねはじめ、長細くして蛇を作成し母親人形に噛みつかせた。そして母親人形と彼を表わす男の子の人形をくっつけて、その蛇をまきつけた。蛇は彼の攻撃性の側面もあったが、つながりを示唆しているようにも思われた。私は、セラピーの目的や意義に関する私自身の考えが、Jに伝わったように感じた。その後、Jの親密な

関係性を壊さざるを得ないこと、更には対象への両価的な心性を保持することの困難さに取り組むことになった。

3　心理療法の展開

患児のペースで進めてゆく風土ができると、治療関係の中で発展する転移を見定めながら、それを取り上げつつ関わることになる。当然、アセスメント時には捉え損ねていた側面も見出される。絶えず見立て直していくことは常である。子どもの心理療法の場合、成人とは異なり、圧倒的に今ここでの関係性に焦点化して介入する頻度が高い。患児は、内的体験や空想を治療者との関わりの中で様々に表現し、治療者は、そこに付随する情動を感じ取り、その意味を考え理解として伝える。すぐに理解でき共有できない場合も多いが、わからなさに留まりながらも、その情動について考え続けていく。この言語的かつ非言語的な絶え間ない交流の営みにより、患児が抱える不安や恐怖、未統制な情動、それ故の問題行動は緩和され得ることになる。それは、内的な安全空間が生成されるからであるが、そこに至る作業は容易ではなく、治療者は長期に渡りもちこたえる力が必要である。次に事例を取り上げて、その実際を見てみよう。

【事例K】

小学校1年生の男児Kは、友達の暴言に過剰反応し、暴力的になり混乱した。その後、目の激しいチック症状が心配されて来院し、私と出会った。もともと落ち着きがなく、こだわりも強く特定の関心事に固執する傾向があった。予定通りでないとき、思い通りにならないとき、Kは度々暴れた。自閉的な素因がある可能性も考慮されたが、Kの敏感さを理解しきれない環境因も大きいようだった。母親は社交的で非常に活動的であったが、細やかな情緒的なやりとりは苦手であった。出産後すぐに仕事に復帰していた。父親はマイペースな人であったが、Kが暴れると力で抑えつけた。アセスメントにより、Kは、自我の脆弱性が顕著で、周囲の刺激に脅かされやすいが、それを保護する環境も不十分であると理解された。Kは、面接プロセスの中で、宇宙空間で多数の宇宙船が敵も味方もなく戦う絵を描き続けた。他の遊びや表現もあったが持続せず、お決まりのその絵を描くことが長きに渡り続いた。その絵からは、Kの心はいつも混乱状態で、常に脅かされ、迫害感・被害感が強く、緊張し気が抜けない

でいることが理解された。一見淡々と描き、普段は大人しくもあるKは、外側から見える様子と内側での混乱状況に大きな隔たりがあった。Kは、些細な刺激でも攻撃と受け取り、反撃しなければやられてしまう世界に住んでいるようだった。その内的混乱は、素因もあるが、親との関係で強化され、学校での様々な問題を生みだし、更に内的混乱は強化されるという悪循環が起こり、症状化に至っていた。

　この悪循環は、当然私との関係でも反復された。Kが思うように絵が描けずに苛立つ様子を捉え、「思い通りにいかないと、怒りが湧いてきて、困ってしまうみたいだね」と私が理解した通りの状況を伝えると、Kは再度その宇宙空間の戦いの絵を描くことに没頭した。Kの攻撃性をめぐる私の理解は、Kと共有されることなく、まさにKの内的混乱を刺激し彼を脅かした。私が介入しない時でも、Kはその絵を描くことが多々あった。私と面接室で過ごすこと自体がKにとっては、いつ攻撃されるか分からない恐怖心で圧迫されているのだと私は感じた。Kは、絵に没頭するなど一定の行動を取り続け、できるだけ他者との関わりや外的刺激を限局させることで、バラバラになりそうな自己を保護していた。面接室では、その恐怖心から机の下にもぐり私の視界から消えることもあった。Kにとって安心感や安全感が大切であり、まずは脅かされないでいられる体験の蓄積が重要であった。例えば、「いつも戦いが起こるけれど、本当はもう戦うのをやめて安全なところに居る必要があるんだね」というKのニードに向けた介入は、彼をそこまで脅かさなかった。

　2年後、内的混乱はやや減少し、主体性が次第に強化され、比較的対話が可能な自我状態の時が増えた。私が、「K君は、先生（私）にも、いつ攻撃されないか心配しているみたい。先生のことを怖がらないで、気にしないで、もっと自由にやりたい気持ちもあるんだろうね」と伝えると、その反応としてKは、ドラえもんとのび太がタケコプターで空を飛んでいる絵を描いた。Kが人を描いたのは初めてのことだった。のび太はK、ドラえもんは私を示していて、Kは援助関係の中で情緒的なつながりを感じはじめているようだった。ただ、いまだ地に足がついた関係ではなかった。その後の展開では、宇宙空間での無差別的な戦いに逆戻りすることもあったが、そこに居続けることはなくなった。しかし、Kにとって私が信頼でき安心できる対象であってほしいと感じても、

疑念が強まり私から距離を取ろうとする動きも多く生じた。また、躁的で攻撃的な側面もあったが、攻撃はKの破壊衝動に由来するのではなく、脅かされる恐怖心ゆえの保護膜であった。

　4年目には、主訴であった暴力とチックはほとんど消失した。学校場面では同性の仲間関係が安定しはじめた。親子関係での課題は残されていたが、両親はKの行動面だけではなく、心の状態の理解が増し、学校の先生ともそれを共有した。見守る環境が構築されたことが、Kの心の安全感を更に強化することにつながった。そして、Kは私に対して自己主張したり、主体的に自分を表現したりできるようになった。宇宙空間での戦いに戻ることはなくなり、戦国時代の武将の戦いを絵で表現するようになった。Kは「本能寺の変」について話題にし、私から裏切られ、酷い目にあわされる不安について話し合うことができた。その後、Kは独りでバッティング練習をする絵を描いた。私は、Kが私と一緒にやりたいけれど、関わることの不安があることを取り上げた。Kは折り紙とテープでボールを作り、私に球を投げて欲しいと求めた。私はそれに応じた。具象的な交流ではあったが、Kは以前とは違い、とても生き生きとした印象であった。Kは、以前のように私の視線に脅かされず、見守られていると経験できるようになり、中学進学後に面接は終結した。

第4節　被虐待児および自閉スペクトラム症児の特徴と対応の留意点[1)2)6)7)]

　臨床現場で出会う機会の多い、被虐待児[3)]、自閉スペクトラム症児[4)9)]と、その混合型[5)]を取り上げ、心理療法プロセスの中で展開する特徴と関わりの留意点を概説する。

1　被虐待児

　被虐待児といっても、現実に受けた虐待の質や程度、諸々の要因により、その状態は当然ながら子どもによって異なる。私の経験上、基底には精神病水準（混乱状態）の心性を持ちながらも、主に境界例水準で機能している場合が多

いと思われる。その機能のあり様は、乳幼児期における包容経験の程度、知的能力などの影響を受けかなりの幅がある。不安の性質は、対象に侵入される迫害感・被害感が強い傾向から、対象との分離性に対し極度の不安と同時に爆発的な怒りを内在している傾向まで、一定の幅がある。原始的な不安や恐怖心が強く、落ち着かず、ADHD様の症状を呈する場合があり、破壊性のコントロールが問題となる。一方で、対象を過度に理想化する傾向がある。さらに治療者とのつながりを求めるが、すぐに不信感が生じ被害感が高まり、関係性を破壊する行動に転化しやすい。些細なことをきっかけに、理想化された関係は一変して破壊的な関係に変容することが特徴である。

　程度の差こそあれ、治療者への直接的な攻撃、暴言、物を破壊する、部屋から出て行くなど、治療構造自体を壊そうとする。それらはある種の試し行動であるかもしれないし、閉所恐怖によるものであるかもしれない。治療者は、その背景にある心情に向けて対話を試みる必要がある。その上で重要になってくるのは、制限をしつつ、治療構造を維持することである。制限をめぐる交流は、彼らが自己コントロールを学ぶための礎となる。また、彼らは攻撃者に同一化することで、迫害感・被害感から身を守ることも特徴である。治療者は、理不尽に向けられる攻撃性やそれゆえの無力感に一定期間持ちこたえ続ける必要がある。ここで注意すべきは、治療者自身の逆転移のアクティング・イン[ii]である。無意識のうちに仕返ししてしまい、知らぬ間にサドマゾ的な関係性に陥りやすい。この局面では、理解を伝える解釈が患児にはすぐに攻撃あるいは侵襲として体験される。信頼できる関係性や親密な関係性は、彼らが求めているものだが、最も危険で信用できないものでもある。心理療法の展開は、ここを越えていけるかにかかっている。つまり、彼らが、治療者に怒りや不満も感じるが、同時に大切で必要な対象でもあるという両価性に耐えられるようになることである。傷つけた対象を修復する動きが展開されるならば、こころの成長が

---

[i] 逆転移：治療関係で喚起される治療者の感情や態度全般。治療者の個人的な反応から、患者の投影同一化による無意識的コミュニケーションまでを含む。両者の吟味が必要である。また、投影同一化されたものを一定期間、治療者が内的に保持し、患者と共有できるように変形させるのはα機能であり、治療者の重要な機能である。一方で十分に吟味できないまま動かされることを行動化という。

[ii] アクティング・イン：治療者がセッション内で、逆転移を行動化してしまうこと。言動のみならず、行動、態度、表情、仕ါなども含まれる。投影されたものを治療者が心の中で保持できず、それに動かされてしまうこと。結果的に、患児が反復している対象関係を実演（enactment）してしまうこともある。

促進されている。それに伴い、歪んだ自己像も修復される。通常、この局面に到達するには、長きに渡る年月を必要とする。

2　自閉スペクトラム症児

　自閉スペクトラム症児とされる子どもの状態は非常に幅広い。精神分析的アプローチが実践されるのは、中核的な自閉症群よりは、アスペルガー傾向のある子どもたちが多いようだが、各ケースにより自閉の程度やそのあり方は異なっている。更に多くの場合、本質的な問題に加え、情緒的な二次障害を抱えている。素因による育て難さもあり、包容される経験が不十分なため、脆弱な自己を保護するための殻を必要としている。その殻が破れると、精神病的な混乱、強迫症状、自閉的なひきこもりにより何とか対処しなければならない。あるいは一般的には許容し難い独特な世界観を構築して身を守ってもいる。自閉の殻の内側には脆弱な自己があり、本来は外界からの刺激に非常に過敏で脅かされやすい。攻撃的な傾向を示す子どももいるが、それも外界の脅威から身を守るための保護機能である。彼らとの関わりで最も重要なことは、脅かされずに安全感を体験でき、主体感を育んでいけるかどうかである。それを許容する面接空間は、当然のことながら自閉的世界が展開する。例えば、強迫的に機械的・記号的な絵を描き続ける子、蓄積した知識や一週間の出来事を情報として一方的に話し続ける子、象徴的ではない具象的な行為をし続ける子など、様々である。この場合は、彼らにとって治療者は自閉対象[iii]となり、彼らとは別の心をもった他者として認識されていない割合が高い。何も変わらないセッションが延々と続くと、治療者は無力感や無意味感、徒労感、不毛感に強く圧倒され、それに対する逆転移の扱いが重要になってくる。留意すべきことは、自閉の殻を無理にこじ開けようとするのではなく、彼らが許容され安全感を経験し、自閉的な殻（自閉部分）を不必要に強化しないで済む関係性が構築されることである。その上で、非自閉部分との接触を積み重ねていく。この二つの部分の

---

　iii　自閉対象：自閉症児が、固執する対象物で、機械的・儀式的に使用する。タスティン（Tustin, F.）が、内的世界と外的世界を橋渡しする「移行対象」と区別して概念化した。自閉症児は、分離性や他者性を否認している。その気づきは原初的な恐怖心を喚起し混乱を招くため、（玩具のみならず他者も含めた）対象を自己の一部として使用し、脆弱な自己を保護する外殻として防衛的に機能するのが「自閉対象」である。

どちらが優勢に作動しているのか、あるいは治療者の関わりでどのようにシフトしていくのかを細やかに見る視点が必要である。そのためには、主に非言語的なコミュニケーションに基づく「波長を見出す[2]」交流を治療者が維持し続けることが求められる。この交流を基盤とし、彼らの意思や動機は強化され、主体感が育まれる。その中で、自分に関心を持つ他者の存在に気づき、治療者を他者と認識し、分離性や他者性を許容していく可能性が開かれる。治療者という他者との交流（分離・不在も含む）について感じたり考えたりする経験は、不活発であった投影と取り入れの過程を活性化させ象徴化能力を育むことにつながり得る。一方、彼らは通常は分離を否認する傾向を有していて、急激な分離体験は混乱を引き起こし、非常に困難な局面にもなり得る。そのときに突出してくる原始的な不安や恐怖を、治療関係の中でいかにもちこたえ交流していくのかが、その後の展開を左右する局面となる場合もある[10]。最終的に自閉部分が完全に消失することはないが、自閉部分に取り込まれていた主体性が以前よりも自由に発揮でき、他者に関心を持ち、生き生きできることが長きに渡る心理療法で目指されるところである。

3 混合型

昨今、被虐待児と自閉スペクトラム症児の混合型といえるケースや、自閉症スペクトラム症児の辺縁にいて他の特性をも併せ持つケースが増加している。事例Kはその辺縁にあり混合型と判断され得る一例である。なお、事例Jは被虐待児の一例である。暴力的な側面だけを捉えると、JもKも一見同じように扱われてしまう危険性があるが、ふたりの有り様はかなり異なっている。Jは破壊性と親密性が混在し、混同してしまう、あるいはすり替えてしまう倒錯的な側面がある。Jとの心理療法プロセスでは、破壊衝動の低減と、倒錯性を修正していくことが重要であった。一方Kは、外界から過度に脅かされやすい脆弱性があり、それを保護するための防衛として破壊性が全面的に表現された。脅かされない安全感を体験し、自己のまとまりが強化されることが重要であった。両者に共通するのは、よい対象を十分に取り入れ、安定した内的表象を発達させ、対象との信頼を構築していく作業であった。

第5節　おわりに

　本章では、児童の精神分析的心理療法のプロセスを概説した。また、被虐待児と自閉スペクトラム症児、および混合型について取り上げ、心理療法プロセスで展開する特徴と対応の留意点についての理解を示した。本章では、介入技法について十分取り上げることはできなかった。ぜひ、アルヴァレズの前掲書[2]『子どものこころの生きた理解に向けて——発達障害・被虐待児との心理療法の3つのレベル』を参照してほしい。また、被虐待児と自閉スペクトラム症児の両者の根底にある混乱（精神病状態）については、『発達障害・被虐待児のこころの世界——精神分析による包括的理解[11]』を参照してほしい。

文献

1) Alvalez, A.(1992) *Live Company: Psychoanalytic Psychotherapy with Autistic, Borderline, Deprived and Abused Children*. Routledge.〔千原雅代・中川純子・平井正三訳『こころの再生を求めて——ポスト・クライン派による子どもの心理療法』岩崎学術出版社、2002〕

2) Alvarez, A. (2012) *The Thinking Heart: Three Levels of Psychoanalytic Therapy with Disturbed children*. London：Routledge.〔脇谷順子監訳『子どものこころの生きた理解に向けて——発達障害・被虐待児との心理療法の3つのレベル』金剛出版、2017〕

3) Boston, M. & Szur, R.(Eds.)(1990). *Psychotherapy with Severely Deprived Children*. Routledge.〔平井正三、鵜飼奈津子、西村富士子監訳『被虐待児の精神分析的心理療法——タビストック・クリニックのアプローチ』金剛出版、2006〕

4) 平井正三『精神分析的心理療法と象徴化——コンテインメントをめぐる臨床思考』岩崎学術出版社、2011

5) 平井正三、西村理晃編『児童養護施設の子どもへの精神分析的心理療法』誠信書房、2018

6) 木部則雄『こどもの精神分析』岩崎学術出版社、2006

7) 木部則雄『こどもの精神分析Ⅱ』岩崎学術出版社、2012

8) Lanyado, M. & Horne, A.(Eds.)(2009)*The Handbook of Child and Adolescent*

Psychotherapy : Psychoanalytic Approaches. Routledge.〔平井正三、脇谷順子、鵜飼奈津子監訳『児童青年心理療法ハンドブック』創元社、2013〕

9）松本拓真『自閉スペクトラム症を抱える子どもたち——受身性研究と心理療法が拓く新たな理解』金剛出版、2017

10）小笠原貴史「自閉状態の隙間——分離性に伴う死の苦痛と生の実感の相克をめぐって」『精神分析研究』59（3）、351-362、2015

11）Rustin, M., Rhode, M., Dubinsky, H., Dubinsky, A.(Eds)(1997)*Psychotic States in Children*. Routledge.〔木部則雄監訳『発達障害・被虐待児のこころの世界——精神分析による包括的理解』岩崎学術出版社、2017〕

12）鵜飼奈津子『子どもの精神分析的心理療法の基本　改訂版』誠信書房、2017

第6章
乳幼児の精神分析的アプローチ

村田　朱美

第1節　はじめに

　乳児は母親の胎内から出生し、日々母親に授乳され互いの目を見つめ合い、母親の表情を見ながら成長していく。ウィニコット[10]は、「ひとりの赤ん坊などというものはいない。いるのはひと組の母子である」とし、乳児と母親を一対の存在として捉えることの重要性を強調した。乳児は一個の生物としてのヒトであると同時に、母親という環境からさまざまな供給を得ることで、まとまりのある存在としてその人らしい自己が育つ。

　乳幼児精神医学という分野は精神医学の中でも新しい領域であり、1960年代から1970年代にかけて開拓され1980年代から本格化してきた。この分野は生後3歳までの乳幼児を対象とし、医学に限らず心理学、社会学など幅広い専門領域が関わっている。乳幼児精神医学と呼ぶのは、乳幼児に緊急の専門的援助を要する状態があり、放置すれば後年の精神病理のリスクにつながるからである。その後、世界的な交流が活発化するにつれ、精神病理を個人でなく関係性の病理として捉えるようになり、乳幼児精神保健（Infant Mental Health）という広い概念が適切であると考えられるようになった。

　乳幼児が医療現場に関わってくるのは、産科での産後健診、小児科での受診、乳幼児健診時に保護者（ここでは特に母親とする）からの訴えで始まることがほとんどである。地域の小児科、総合病院の小児科に心理師が在中し、発達検査、認知検査のみならず、親の不安や困難さを傾聴し治療的介入をしている医療機関も徐々に増えてきている。また、日本では世界に類を見ないほど優れた乳幼

児健診制度が実施されている。健診時には小児科医の診察の前に保健師、助産師、看護師などが母子の様子を観察し問診を行い、気になる場合医師または心理師に繋げる。乳児期には「赤ちゃんの体重が増えない」「おっぱいをあげてもすぐに目を覚ましてしまい、泣いてばかりで一日中抱っこしていなくてはならない」「夜泣きがひどい。どうすればいいかわからない」など授乳から、睡眠、食事、排泄といった生理的問題にも関わる母親の育児困難感、育児不安が主な訴えとなる。1歳を過ぎると「歩かない」「言葉が遅い」「かんしゃくが強い」「指しゃぶりがおさまらない」「偏食がひどい」「オムツがはずれない」「集団の中で皆と一緒に遊べない」など、運動、言葉の遅れ、情緒的な問題、社会性の問題など子どもの発達に関する訴えが主になる。外に現れる症状や状態は同じでも、乳幼児の気質、情動の強さ、運動、認知など心身両面の発達や、母親の性格、母親自身の養育体験など目の前にいる母子の状況や状態はそれぞれ異なっている。

　乳幼児期における心理面での治療的介入は、その治療構造の違いにより①母親だけに育児相談、指導や精神療法を行うもの、②乳幼児のみにプレイセラピーを行うもの、③乳幼児治療と母親面接を同時に並行して別々の治療者が行うもの、④乳幼児と母親同席で相談、指導面接を行うものなどがある。

　面接は1回で終わるものから、様子を見ながら相談を重ねるもの、重篤な場合は早期から子どもの発達への支援を求めるケースや、小児科医、精神科医、小児精神科医、また助産師、保健師、ケースワーカーと連携を取って母子をサポートしていくケースがある。実際の臨床現場においては、子どもの発達の問題、母子相互作用の問題、環境としての親の問題、親子の関係性までを乳児期早期から包括的に把えて多角的な視点で支援する。このことは、後年に乳幼児の心身や行動上の問題を残さぬように予防的視点からも極めて重要であり、母子に応じて治療的介入を選択していく必要がある。

　本章では、母子関係性のアセスメント、精神分析的アプローチとして母子同室での親－乳幼児心理療法、幼児のプレイセラピーについて事例を交えてみていきたい。

第2節　母子関係のアセスメント

　乳児期から子どもの情緒、欲求の表出に対して他者が情緒的に応答することによって、子どもは自分が感じている情動や欲求に気づき名前がついていく[3]。母子関係の中心は、乳児が不安を母親に投影し、母親が適切に不安を緩和して乳児に返すことである[2]。

　乳児は、発声や泣き、体の動きや表情で自分の欲求や感覚を表出している。この乳児の発信が母親に伝わり、受け取られ、対応してもらい、満足を得ることによって、徐々に自分の感覚を認識していく。乳児が発する情緒的シグナルを母親が感知し、応答的に乳児に返すことで、乳児は母親のフィルターを通って変換された発信を受け取るという相互作用が成立し、こうした作業の積み重ねにより徐々に自身の情動を認知し、自我が統合され他者との関係性を築いていく。母子相互作用において、子どもの情動やその発信の強さや度合いに個人差があるように、それを受け取る母親の性格も感受性も精神状態も表現の仕方もまた様々である。

　乳幼児をアセスメントする際、母親との関係性を評価することが重要となる。応答的でスムーズな相互交流ができているか、乳幼児、母親の発する信号を無視したり、相手が望んでいない対応をしていないか、両者の間の情緒のトーンは不安・緊張が強くはないか、乳幼児と母親が互いの情緒に過度に巻き込まれていないか、母親が乳幼児に興味・関心を全く向けずにいることはないか、虐待はないか、などをみていく。

　具体的には、次のような点に着目する。

（1）乳幼児、母親のそれぞれが、表情、視線、発する音、声、言葉、動き、指さしを通して、欲求や意図をどの程度示しているか。
（2）乳幼児、母親のどちら側から先に発信しているか、相手はそれを受け止めて応答しているか。その応答的やり取りはどのぐらいの間隔で続くのか。

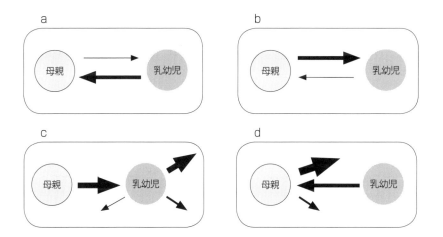

図6-1 不適切な母子相互交流モデル

（3）乳幼児の欲動や興味関心は、どのような情緒を伴って表われているか。
（4）母親は「映し返し」と言われる乳幼児の表出に応答的であり、時に同じような動作や発声、言語を伴った関わりをしているか。

ここで、母子の相互交流が適切でないモデルを図6-1に示す。

(a) 乳幼児から母親に向けて訴えかけているものの、母親は乳幼児の投影に気付くことなく、声をかけることも一緒に遊ぶことも少ない。乳幼児は親の関心を引こうとあれこれ試みるが、母親の反応は乏しい。乳幼児は見ていてもらっている感覚が乏しい。このような状態が続くと、自分に関心を向けさせるために、敢えて母親が怒るような気を引く行動を繰り返すようにもなる。あるいは親に関心を向けること、発信することをやめてしまう場合もある。母の関心の乏しさや、ネグレクト傾向だけでなく、母が多忙でなかなか乳幼児に目が向かない場合もこれに当たる。
(b) 幼児からの発信が弱く、欲動も低いケースである。母親が関わろうとして話しかけたり遊びに誘ったりしても、乳幼児はあまり関心を示さ

ない。乳幼児の表出、反応が弱いため、母親の方が乳幼児に関わることをあきらめてしまうことがある。すると外界からの刺激が少なく、乳幼児の情緒は平板で表われも乏しいままとなる。この状態に対しては、乳幼児の弱い発信に気づき積極的に関わっていくことが望まれる。

(c) 乳幼児の母親や人に対する関心が弱く、おもちゃやTVなどの映像に対する関心が高い場合がある。母親が一緒に遊ぼうとしてもやり取りにならず、ひとり遊びに興じていて手がかからず育てやすい子どもとして認識されていることがある。自閉スペクトラム症児はこれに当たる。母親を依存対象として認識すること、母親に投影する力が弱い。このような場合は、乳幼児の示すベクトルの先に何があるか、どの位の興味関心を示しているのかを見極めていくことが、関係性を築いて行く上での最初の一歩となる。

(d) 幼児の発信が母親に向いているにもかかわらず、母親は乳幼児の発信、関心に気づかず、母親のペースで働きかけようとする。乳幼児は自分のやりたいことが伝わらず機嫌が悪くなる。母親は一生懸命かかわっているものの楽しめない。例えば、子どもが目の前の積み木で遊ぼうとしているのに、母親は絵本を差し出して読み始める。あるいは乳幼児が絵本に関心を示さないと詫って、次には抱き上げてすべり台に連れて行くような場合である。こうした母子関係には、母子と同席して乳幼児の遊びを母親と治療者とで一緒に見ていく。その上で、まずは乳幼児の興味関心の方向、情緒に気づいてもらい、寄り添って乳幼児と同じもので遊ぶことや、乳幼児が遊んでいることを静かに叙述的に話してもらうことを試みる。

以上(a)(b)(c)(d)の四つのパターンを提示したが、もちろんこれらが複雑に絡み合った母子関係もある。母子の関係性、双方の力動がどのようになっているのかをアセスメントした上で、不適切な母子関係に治療的介入を行っていく。

第3節　乳幼児期の精神分析的心理療法

1　親−乳幼児心理療法

　子どものこころの健全な発達のためには親子相互の情緒的な交流が円滑に営まれることが不可欠である。母親と乳幼児が同席して治療していく心理療法的介入にフライバーグの臨床実践から生まれた「親−乳幼児心理療法」がある。多くは母子心理療法であるが、昨今では父親の育児参加が積極的に行われており、父−母−子心理療法の場合もある。1960 年代後半から、母性剥奪や愛着に関する縦断的な研究によって乳幼児期に心理的外傷体験を受けた人が親になった時、自分の子どもとの間に同種の葛藤を生じやすいことが明らかとなった。フライバーグはスラム街で家庭訪問をし、親から子へと世代を超えて葛藤や克服し難い課題が親子の相互作用を通して継承され、子どもの心に再生産されていく世代間伝達の連鎖を断ち切る積極的な育児支援を行った。この早期介入は、現在の子育て支援の治療的アプローチの基礎となり、キッチンセラピーと呼ばれている。フライバーグらの「赤ちゃん部屋のおばけ」では、虐待など乳幼児と親との関係の拗れは、親の無意識な赤ちゃんイメージによって生じることを指摘した。母親が赤ちゃんと 2 人きりで長時間過ごすうちに、赤ちゃんのむずかりや泣きに触発されて、母親の心の中に不安や抑うつ、無力感などがこみ上げてくる。我知らず赤ちゃんに手をあげたり、赤ちゃんを放置したまま茫然自失になったりする現象を、赤ちゃんと 2 人きりでいるとおばけが現れるという言葉で表わしたのである。レボヴィッシュは「現実の乳児」(real baby)、「想像の乳児」(imaginary baby)、「幻想の乳児」(fantasmatic baby) という心の中の三層の乳児を提示した。「現実の乳児」は目の前の乳児、「想像の乳児」は母親が小さい時から思い描いていた乳児、「幻想の乳児」は母親の乳児期の無意識的記憶である。「赤ちゃん部屋のおばけ」は、これらの乳児のうち「幻想の乳児」が母親の心を覆ってしまった状態である。「親−乳幼児心理療法」の中で、母親が赤ちゃんによって触発された遠い昔の情動経験を言葉にして語り、傾聴してもらうことによって、赤ちゃんをありのままに捉えて、適切な育児に戻る

ことが可能となった。

「親－乳幼児心理療法」は、乳幼児と母親が作り出す対象関係の世界を、目の前の母子相互作用を通じて観察しながら理解する。セラピーの中で生じる母親、乳幼児、治療者三者の相互作用には、母親自身の対象関係の特徴や母親にとっての乳幼児のイメージが反映されるので、治療者は乳幼児の症状の意味を探っていく。乳幼児のプレイと母親とのやりとりを目の前で観察しながら、母親が実感を持って自分の不安のありかに気づいていくよう援助する。ここでは〈情緒をともなう理解〉が解決への鍵となる。乳幼児に触発され、母親が自己の葛藤を味わい直しながら語ることができると、母親の乳幼児への否定的な情緒の投影が減少し、自然な母子関係へと回復する。母子を切り離さず、我が子の問題を通して、母親自身の自己理解と成長を深めるように導く。

ここで事例を提示するが、事例はいくつかの事例を複合させたものである。

【事例L】

産後の1ヶ月健診時に、問診した助産師から「体がつらくてどうしようもない、夫は手伝ってくれるが自分の思うようにはやってくれない、3歳になる上の子が今まで順調にトイレット・トレーニングが進んでいたのにおもらしをするようになった」と訴えている母親がいるので心理相談につなげたいとの連絡が入った。眉間にしわを寄せ、張り詰めた表情のLを私は心理相談室に案内した。Lは新生児と一緒に入室すると、どうにもならない不条理に身を置くようにソファに腰を下ろした。自分の体のつらさに加え、上の子どもに対する腹立たしさや苛立ちを語った。私は「Lさんはどんなお子さんでしたか？」と尋ねると、訝しがる様子もなく「私は2歳の時のこともはっきり覚えています」と自分の子ども時代の記憶を語った。母は仕事が忙しく、保育園降園後は祖母の家にいてひとりで人形遊びをしていたこと、弟が病弱で病院通いをする母と弟を待って留守番をしながら家事をしていたことを苦しそうに話した。新生児は苦しそうな母親に呼応するかのように時折、音を発した。するとLはすぐ様、「おむつが濡れているから替えていいですか」と言っておむつを替えた。その後も面接の中で3回おむつを交換した。「おしっこをして替えてもらえないと、すぐ泣くんです。私には赤ちゃんがおしっこしたことが分かるんです」。私はLがよく気がつくことを伝えた上で、「Lさんも小さい時、この赤ちゃんのよ

うに、悲しいことや嫌なことをお母さんがすぐに気がついてお世話をしてくれたらというお気持ちがあったんですね」と解釈を伝えた。その後も面接を重ね、父親の希望もあり、父親、第一子も加わって同室面接となった。面接室の中でLは夫に「私ばかりが大変な思いをしているんだ」と恫喝するように叫んだ。夫はいつものことだとでもいうようにLを制することもなかった。上の子どもは消防自動車を私の方へ走らせた。それは母親の怒りの火を私に消してもらおうと頼んでいるかのようでもあった。私は「Lさんが小さい時と同じように、家の中でLさんばかりが我慢してやっていることを誰も分かってくれない。そのことがとても腹立たしいのですね」と伝えた。「お兄ちゃんも赤ちゃんが生まれていいお兄さんでいようと頑張っているのはLさんと同じかもしれません。でもそれが分かってもらえなくて怒って、わざとおもらししているのかもしれないですね」と解釈した。面接を重ね、Lは両親や夫に見捨てられないように、良い子ども、良いお母さん、愛される妻でいようと無理して一生懸命頑張っていたことを話すようになった。徐々に家族の緊迫感は薄れ、上の子どものおもらしはなくなり、4人の穏やかな時に楽しげな会話が聞こえるようになった。

「親-乳幼児心理療法」の中で、乳幼児との関係性を歪ませている世代間伝達の葛藤を、行きつ戻りつ扱っていくことで、その葛藤が徐々に解消されていく。治療者は対象関係が話題となった時に、母親の気持ちを尋ね、情緒が動くこと、情緒を抱くこと、それが言葉になるのを待ち、言語化していく作業に寄り添う。この作業の繰り返しによって母親の葛藤が明確化される。また母親に乳幼児の気持ちを尋ね、乳幼児の気持ちを理解し受け止める作業も行う。面接中に起きる乳幼児の行動の背後にある乳幼児の情緒、欲求や意図に気づき治療者が解釈する。徐々に母親は乳幼児の情緒に目を向けて適応的な養育行動が可能となり、乳幼児との関係性も適応的になっていく。

「親-乳幼児心理療法」の過程は、まず母親の実母または養育者との関係の中で阻害・障害され、なし得てこなかったことによるつらい体験や不幸な情緒といった母親の不安が治療者に投影される。そして、その不安を治療者が包容することによって、つらい体験や情緒が表象化され、母親はつらさや不幸な情緒を緩和されたものとして摂取する。一方で、母親が母親として十分機能して

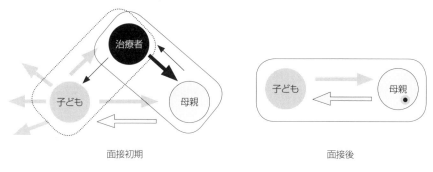

図6-2　親 - 乳幼児心理療法による変容

いないことにより、乳幼児は不安を母親に包容されることなく、不満足な状態に追いやられている。その中で治療者が乳幼児の不安を解釈し母親に伝えていく。母親が対応できない状態であれば、適切な対応を提示しモデルを示すことで母親の対応を促すこともある。その結果、乳幼児は適切な摂取を通して選択的な対象との対象関係を確立することができる。

　図6-2に示すように母親、乳幼児、そして治療者三者の相互作用、三層構造によって母子関係が改善される。乳幼児-母親関係とは、母親が乳幼児の原始的な感覚や情動を受け取って分かち持つコンテイナーとなるものである[1]。母親がコンテイナーとして機能しなければ、行動のやりとりのみならず、乳幼児の情緒を母親が受け取れず、意味のある情緒や他の形の体験に変えることができない。母子の関係性が阻害・障害されている場合、母親がコンテイナーとして機能していない部分に関して、治療者が母親の幼少期のコンテイナーとして機能する。また乳幼児の発達、関係性の促しを目的に治療者が母親の代わりの仮のコンテイナーとして機能し、乳幼児の行動の意味を探り、表象化することで母親の気づきを促す。徐々に仮のコンテイナーは母親にシフトし、母親が正式なコンテイナーとして機能する。この過程によって、最終的に母親と乳幼児との二者関係性の中で、母親自身の自己理解と成長が深まり、適切に乳幼児の不安に対応できる母子関係が築けるようになり、母子関係が改善されていく。

2　幼児のプレイセラピー

　医療現場では、頭痛、腹痛、足痛、目が見えにくい、咳が止まらないなど身体症状を訴えて小児科などを受診し、レントゲン、MRI、CT、血液検査など

あらゆる検査をしても身体的所見が認められない場合がある。総合病院の場合、小児科医、耳鼻科医、眼科医、神経外科医などから心因性の可能性を求めて面接や心理検査のリファーがなされることもある。症状に本人の意図が影響していることや、親がその要因に心当たりがあることは少ない。こうした神経症圏と考えられる幼児の場合、乳児期からの生育歴を丁寧に聞き取っていくと、乳幼児期の入院経験、保育園入所、きょうだいの出生など、親との分離体験、同胞葛藤などが根底にあるように思われる症例も少なくない。また年齢的にエディプスの問題が影響しているケースもある。大きな知的な遅れがなく、治療者との間で対象関係を築くことが可能であり、投影する力を持っている幼児の場合、治療者の解釈が幼児の心的世界に届き、抑圧していた身体化の根源が融解し、身体化症状が改善されるケースがしばしばみられる。

　他方、言葉の遅れや人への関心は乏しく特定の遊びに没頭することを主訴に来院する発達障害や虐待を伴うケースがある。この場合、対象関係の基盤がなく、投影する力が極めて弱い幼児は治療者との間でも、対象関係の中で投影摂取を扱うことが極めて難しい。しかし、クライエントが小さいからと言って、経過観察に留めて置くことは望ましいとは思えない。母子分離が可能であれば、30〜40分間プレイセラピーを行い、その後母親に同席してもらい、児の遊びや行動がどういうことを表わすものなのか、家庭での関わり方について助言することもある。何より児が対象を認識し、見ていてもらえること、苦痛を認識し、苦痛を投げ出しても受け取って理解してもらえる実感をもち、対象関係の礎を築くことが優先される。

　発達に遅れや社会性に問題がある場合、地域の保健センター、発達センター、療育機関などで、治療教育的介入を利用することが第一選択とされることが多い。乳幼児の発達を考える際、乳幼児の生得的特性、環境との関連、そして今の状態に至っている乳幼児の心的発達の三側面から見ていくことが必須である[6]。乳幼児期の未熟さやアンバランスの改善を目指して介入していく際に、発達を総合的に捉えていくためにも治療教育的介入と共に、精神分析的心理療法との両輪が用いられることが望まれる。

　ここで依存対象をもたない3歳児Mの事例を提示する。当初依存対象を持た

ないMは、全くやりとりが成立せず、物の世界、DVDで見る世界がすべてであった。こうした自閉スペクトラム症児の理解は困難で、彼らの心的世界を扱うには母子同室で行う心理療法よりも個別でのセラピーが適していることがある。

【事例M】

Mは初回面接時、待合室に迎えにいくと部屋に入らず反対方向へ逃げるように走った。母親はうんざりした表情でMを追いかけた。床にひっくり返り抵抗するMの姿は野生児のようであった。Mは固い大きなプラスチックの動物人形を手に持っていた。外国語を聴いて育ったMは私の質問にも母親の問いかけにも全く反応がなく、どこを見ているのか分からなかった。発達検査をすると用具には触るものの、こちらの指示に応えることはなかった。言語課題では母親が外国語で聞くと絵の名称や数字を外国語で正確に発した。私と母親が話している間、Mはずっとミニチュアの動物を並べていたが、音声を発することはなかった。面接の最後に、Mが並べていた動物のうちキリンが何度も倒れたのを見て、私は「キリンが倒れちゃったね。まだ自分で上手に立てないんだね。倒れちゃったね」と何度か言うとMはその動物を私に見せて「倒れちゃった」と日本語で言った。私はMが適切な対象を持たないまま3年間を過ごしてきたと思われることを両親に伝え、週に一度のプレイセラピーを提案した。

プレイセラピー開始当初、Mは椅子に座り動物を並べ、粘土をバラバラにして床に落とした。アニメのセリフを言うこともあった。Mが遠くを見る時があったが、その視線の先に何があるのか皆目分からなかった。私はMから視線を外すことなく見続け、Mが何をしているのかを伝えた。「見ていてもらえないと、Mちゃんがバラバラになってしまうね」と解釈した。くしゃみをして大量のドロドロの鼻水が出るのを私は毎回拭き取った。次第に粘土でパンを作り時に私にも渡すようになった。私はMの様子を見ながら同期できるところを探し、時々動物を動かしたり、キャラクターの名前を言ったりした。ある時Mは気になっているキャラクターの絵を描いてほしいと私に要求した。私はそのキャラクターを知らなかったので、Mにどんなのかを描いて教えてほしいと伝えた。初めてMが描いたのは2色のクレヨンを使ったお化けのような薄い線であった。それは人と魚との間に出来た子であった。私は「まだMはママのお腹

の中とお腹の外の世界を行ったり来たりしているみたいね」と理解を伝えた。Mにしか分からない自閉の世界は少しずつ開かれるようになり、どこか遠くを見ることは少なくなった。Mは幼稚園での生活を動物を使って表わし伝えるようになった。動物でかくれんぼをして遊び、見つかること、見つけてもらえることを楽しんだ。私の側に来て「見てて」と私の視線がMに向かうことを自ら望んでくるようになった。

この事例では、治療者が関心を持ってMに眼差しを向け続けることによって、Mは自らの存在を感じ、眼差しが繋がるようになったことで二者間に距離が生じ、治療者を対象として認識できるようになったと考えられる。

第4節　おわりに

本章では、乳幼児の精神分析的アプローチを事例を交えて概観した。乳幼児のケースは、子どもが治療介入の継続を望んだとしても、親（保護者）の動機づけがなくては継続することができない。乳幼児との心理療法を継続させていく上で、治療者側が親と信頼関係を持つことが大きな鍵となる。子どもの見立て、心理療法を通した変容を伝え、現実世界での適応などの情報も得て行く上でも親面接は大切なものである。親面接については次章につなげたい。

また、出産は女性にとって大きなライフイベントである。周産期は産後うつと言われる出産に伴うホルモンの変化や慣れない育児に抑うつ状態になることも多い。産科では助産師だけでなく心理師が精神的なサポートに入ることもある。出生した乳児が早産で低体重児であったり障害がある場合などは、思い描いていた乳児、子育てとは違うことを受け入れ、子どもに関わっていく必要がある。産科や新生児科の医師から母親のこころの支援要請があることも多い。医師、助産師、NICU、GCUの看護師と連携を取りながら、母親に寄り添いつつ、乳児の成長を見ていくことになる。ここではそうしたケースは割愛するが乳幼児とその家族にアプローチする際、母親から妊娠期・周産期の情報を聞き取り、母子双方のライフスパンの中で心理支援を行うことが重要なことを改め

て付け加えたい。

文献

1）Bion, W. R.（1962）*Learning from Experience*. London: Heinemann.〔福本修訳「経験から学ぶこと」『精神分析の方法Ⅰ——セブン・サーヴァンツ』（りぶらりあ選書）法政大学出版局、1999〕

2）Bion, W. R.（1967）*Second Thoughts*. London: Heinemann.〔松木邦裕監訳、中川慎一郎訳『再考——精神病の精神分析理論』金剛出版、2007〕

3）Emde, R. N. & Score, J. F.（1983）The rewards of infancy：Emotional availability and maternal referencing. Call, J. D. G & Tyson, R.（Eds.）*Frontiers of Infant Psychiatry*. New York：Basic Books.〔小此木啓吾訳「乳幼児からの報酬——情緒応答性と母親参照機能」慶応乳幼児精神医学研究グループ訳『乳幼児精神医学』岩崎学術出版社、1988、pp. 25-48.〕

4）Fraiberg, S., Adelson, E. & Shapiro, V.（1975）Ghosts in the Nursery. *Journal of the American Academy of Child Psychiatry*, 14, 387-422.〔「赤ちゃん部屋のおばけ」木部則雄監訳『母子臨床の精神分析力動——精神分析・発達心理学から子育て支援へ』2011、pp. 103-149.〕

5）Fraiberg, S.（1980）*Clinical Sutudies in Infant Mental Health：The First Year of Life*. London: Tavistock Publication.

6）木部則雄『こどもの精神分析——クライン派・対象関係論からのアプローチ』岩崎学術出版社、2006

7）Lebovici, S.（1988）. Fantasmatic interaction and intergenerational transmission. *Infant Mental Health Journal*. 9. 10-19.

8）ラファエル＝レフ『母子臨床の精神力動』木部則雄監訳、岩崎学術出版社、2011

9）Stern, D. N.（1995）*The Motherhood Constellation：A Unified View of Parent-Infant Psychotherapy*.〔馬場禮子、青木紀久代訳『親-乳幼児心理療法——母性のコンステレーション』岩崎学術出版社、2000〕

10）Winnicott, D. W.（1958）*Through Paediatrics to Psycho-Analysis*. Oxford：Basic Books.〔北山修監訳『小児医学から精神分析へ　ウィニコット臨床論文集』岩崎学術出版社、2005〕

第7章
親面接について

井口　由子

第1節　子どもの臨床における親面接の歴史的経過

　子どもの精神分析において親（実の親でない養育者も含めて、ここではとりあえず親として表記する）にどう関わるかは、1920年代以降、イギリスでのクライン派（メラニー・クライン）と自我心理学派（アンナ・フロイト）との間の長年にわたる論争の中でも、大きな論点であったようである。乳児も独自の空想の世界を持つという考え方のクライン派のセラピーにおいても、子どもが自分から治療や相談を受けに来ることはないと言ってよく、継続的なセラピーは親の協力がなければ実現しないので、親への対応は大きな課題といえる。一方、おそらく我が国には、「子どもはまだ親に依存し強い影響をうけており、現実的な環境要因として親の面接は重要である」とし「児童治療中心の方向付けの下での父母並行面接をすべき」というアンナ・フロイトの考え方が第二次大戦後取り入れられた。心理臨床学の立場から親子面接のあり方を研究している小俣によれば、1954年に創設された京都大学教育学部心理相談室で、すでに親子並行面接が行われていたという。また家族療法の立場から中釜は、いくつかの文献を引用しながら、アンナ・フロイトの考えに端を発した「母子並行面接」は1960年代に日本に取り入れられ、「子ども中心の治療の補助手段としての母親面接」を行っているうちに「母親面接自体にアイデンティティと意義が与えられるようになった」経緯があると述べている。以来、教育相談や民間の相談機関・大学院の心理相談室などでは、特に「母子並行面接」が当然のように行われてきた。

ここで、「母子」が中心となっているのは、子どもの精神的な成長の基盤として母子の結びつきが重要であるという発達心理学や精神分析学の見解に基づくが、高度経済成長期においては、父親は会社等で遅くまで働き、子育ては家庭で母親が中心となって担うべきという性別役割分業の考え方が強く背景にあったことも要因であろう。実際、主婦である母親が平日の昼間の時間帯にいちばん相談のための時間を取りやすいという実情も手伝っていたと思われる。その中で、中釜は、「〈子どもの症状や問題の解決のため〉だけでなく、〈親自身の問題や自己実現のテーマ〉をどう両立させるかも重要なテーマ」となってきたものの、その後、父親や他の家族を含めた「関係援助」「家族療法的視点」へと視野を広げることが大切になってきていると述べている。

　時代や社会も変化し、女性が結婚後も社会的活動を行うことが普通になり、21世紀に入る少し以前から「男女共同参画」「仕事と家庭の両立支援」「少子化対策」などが国の政策レベルでも次々と打ち出されるようになった。また、子どもの虐待の問題がクローズアップされ、家庭においてひとりで乳幼児の子育てを担う母親がどんなに孤立感や子育て不安に陥りやすいかが認識されるようになった。この「子育て支援」の重要性が高まるとともに、社会全体が子育ては母親だけでなく父親や周囲・地域の人々の支えや参加があって行うものという意識に変わってきている。こんな時代の流れの中で、「親面接」も母親だけでなく、父親や他の家族を含めて考えるべきであると考えるように変化してきている。小俣は「同一セラピストによる親子並行面接」を、また中釜は、やはりひとりのセラピストが「個人面接と家族合同面接」を柔軟に取り入れながら行う方法を紹介している。

　精神分析の分野でも、まず子どもの精神的な成長の基盤を育むものとして母親ないし主たる養育者との対象関係を築くことが大切とされているが、そうした基本的な点を考慮しつつも、子どもの養育者としての父親の役割及び祖父母を含めた家族構造や関係性も臨床的な視野に入れていく重要性が増している。子どもの発達の視点からも、基本的な愛着を形成するだけでなく、三者関係の形成やそこからどう分離して自立していくかということも大きな課題である。

　また現代では、離婚や再婚が珍しいことではなくなり、ひとり親家庭も増加し、子どもの成長期に安定した家族構成が望みにくいことも多い時代となって

いる。家族のあり方自体が多様になり変容する中で、子どもの健康な対象関係を育み、人格の成長を支えるには、地域を含めた環境でどんな人的資源を整える取り組みが良いのか、より広い視野で柔軟な対応を迫られているともいえるだろう。

第2節　これまでの心理臨床での親面接の形態

　従来、日本の子どもの心理臨床の現場では、表7-1にあるような親子への面接形態が取られてきたと思われる。
　表7-1(1)のように、親子にそれぞれ別のセラピストがついて行う相談形態は、前述のように従来日本の心理臨床場面で多く用いられてきた方法といえる。同じ時間に行えば、通ってくる親子の労力としては効率がよく、それぞれに一対一の信頼関係を築いて、内的な葛藤や問題にじっくり取り組むことができるというメリットがある。この方法では、担当者同士が同じような治療的方向づけを持っており、お互いに自立性を持って情報交換をし、自分の逆転移や失敗なども含めて率直な心理的交流ができれば、親と子の関係性を考慮して調整を図ることができ、うまく機能するであろう。しかし、しばしば経験のあるセラピストが親を担当し、ケース全体のマネジメントも行うことが多い。経験の少ないセラピストが子どものセラピーに専念して心理療法を経験できるメリットもあるが、親の担当と対等な立場を築きにくく、お互いにほど良い情報交換・協議の場や関係性が持てないこともある。また、親の担当は子どもの様子を直接見ていないので、子どもの変化を親自身にうまく伝えられず親の心配との調整ができにくい。親とその担当者・子とその担当者それぞれが組になって違う方向を向いて治療関係が進むことがあるので、親子の不調和が解決しにくく親の判断で中断に至りやすいなど、しばしば危険も生じうる。
　表7-1の(2)(3)(4)はひとりのセラピストが親と子の両方と会う方法である。この場合、ひとりの担当者が親子両方を知ることができるので、それぞれの特性・人格が相互にどう影響しているかなど、互いの関係性を把握し、調整を図ることができるという利点がある。子どもの状態についても直接観察し

表7-1 子どもの心理療法における親面接の形態

（1）別々のセラピストが親子並行面接（①同じ時間に子どもの心理療法と親の面接を行う、②別々の時間に行う）をする。
（2）ひとりのセラピストが親子合同面接（主に初回面接・乳幼児-親心理療法）をする。
（3）子どもの心理療法中心で、親は子どものセラピストが時折フィードバック面接（クライン派）を行う。
（4）ひとりのセラピストが子どもの心理療法と親の面接両方を担当（①別の日時に、②同じ時間に交互に）する。
（5）（子どもの心理療法はなく）親だけの面接を継続する。

て知っているので、親にも実感を持って伝えることができる（この場合、子どもが具体的に何を言ったか、何を表現したかについては秘密を守ることが必要であり、言葉を選んで担当者の印象ないし見解として伝えることが必要であろう）。親子双方に治療的な一貫性や方向性の統一を図るという意味では分かりやすい。一方、しばしば子どもの方に心情的に同一化すると、親に批判的なイメージを持って接することになることがある。親と子双方から自分の味方になってほしいという願望や、相手に影響力を及ぼして変化させてほしいという期待を受けることもあり、その葛藤に巻き込まれる場合もある。

中釜は家族療法の視点から「（個々に対して）多方向への肩入れ」をしつつ「公平かつ共感的な関係作り」を勧めている。親子それぞれの心情に寄り添うことができ、公平性を持ってそれを繋ぐ役割を取り、力動的に関わりながらうまく調整とバランスを取っていくことが大切となる。そのためには、セラピストの経験や心理的な安定感・柔軟性を必要とするといえる。しかし、状況により、例えば思春期になり、子どもの側の親からの自立がテーマになってきた時には親子をひとりで担当すると難しい局面になりやすいので、子どもを中心にした枠の設定にする、担当者を分けるなどの対応も必要になるだろう。

第3節　医療チームとしての構造化

1　医療現場での親面接の意味

今後は、医療の現場に心理師が参入するので（また他の職種が心理支援をする

際にも）、医師を含めたチームの中で、これらの心理カウンセリング・心理療法がどう機能していくべきかを考えていかないといけないだろう。

　子どもが何らかの症状や適応的でない行動を示して精神科・小児科等を受診し心理療法等が必要になった場合、あるいは内科的・外科的な治療を継続して受けている場合でも、保護者としての親に医師が関わらなければならないのは当然であるが、心理師も子どもの生活の支えとなる親の心理的なサポートや面接を行う役割を期待されるであろう。そこには以下のような意味がある。

（1）　子どもを支える役割・環境としての親の安定をはかる：子ども自身のみならず、医療機関にかかる必要のある病気になっている時は親自身がかなり不安な状態に陥っているものである。まず親が精神的に安定することが、子どもを心理的に支えることにつながる。親の気持ちを汲みながら、医師の方針に準じて現在の状態についての適切な見立てやその説明を行い、ともに今後の治療方針等を理解し協力してもらうことが必要である。

（2）　子どもの心身の治療や精神的な成長の意味を理解し、継続的に援助する：子どもが心理療法や定期的な治療・カウンセリングを受け続けるためには、親がその意味や必要性をある程度理解し、子どもを連れて継続して通ってきてもらう必要がある。更に、その後の子どもの変化や成長を支えるためには親の理解や協力が必要である。

（3）　子どもの状態の要因として親との関係や家庭環境が影響している：一方では、子どもに表われている症状、性格傾向、不適応行動の背景には、親や家族との生活や関係性（安定していない関係性・怒りや憎悪などの葛藤や否定的な関わり方・環境の変化・世代間で連鎖的に影響している心理力動など）が要因として関わっている場合が多く、親が自分や子どもの心理的な面について理解を深め、変化・成長していくことが子どもの変化につながる。

（4）　親自身もこれまでの生活史の中で持ったトラウマや葛藤、悩みなどを抱えている場合がある：子どもの治療に通いながら、親自身が心理的な援助や支えを求めている場合もある。現在のその家族を取り巻く様々な環境が影響している場合や、親の前の世代からの家族的な価値観や関係性が世代間連鎖的に次の世代へと影響している場合もある。親の心の中のトラウマや葛藤が改善さ

れ、家族の関係性が変化することによって子どもの症状も改善を見る場合がある。
　この場合、親個人への治療的な関わりは、親面接としての範囲内で行うが、親自身が自分の個人療法的な必要を感じている場合には他に紹介するなど、構造を考える必要がある。

　症例により、焦点をあてるべき点はかなり異なってくるので、これらについて全体的にアセスメントしておく必要がある。

2　医師を交えた親面接の構造と機能
1)「A-T-スプリット」
　医療現場での精神（心理）療法による治療ということを考えると、精神分析の分野では、以前より「A（Administrator）-T（Therapist）-スプリット（Split）」という考え方がある。この場合のT（セラピスト）は心理師でも管理医以外の医師ないしは他職種でもかまわないが、主に患者の内面的世界を扱うことに携わる。医師が短時間の診察などで医学的・管理的・俯瞰的、時には薬物療法的な関わりを行い、心理師など他のスタッフが医師の指示により45〜50分の精神（心理）療法を行うことになる。
　この場合、医師が親面接を含めたケース・マネージメントの役割を担って子どもの心理療法のみを心理師に依頼することもあれば、心理師の側でも子どもだけでなく親の面接も何らかの形で請け負い、二重の関係になることもある（図7-1）。あるいは、親自身に心理療法的な関わりが必要と思われると、親面接のみが心理師に依頼されることもある。親面接を請け負うと、心理師がケース・マネージメントの機能も発揮し、医師と連携しながらも他機関との対応などより現実的社会的な側面をも扱っていくことも起きてこよう。
　これらのチームの組み方は、その医療機関にいる心理師の人数、その家族の通院についての現実的な条件などによって異なってくる。この際、家族全体への目配りが必要であり、家族内の力動がどのように動いているのか、医師や担当者同士の連携・情報交換を務めて行うことが必要になってくる。
　医師と心理師の連携がうまくいけば、不安定な状態に陥っている親子に対し、

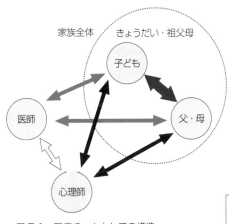

- 医療としての責任は医師が中心。
- 良性の超自我（疑似両親的役割）に抱えられる。
- 一つの関係に葛藤や疑念が生じても、もう一つの関係でそれを把握・消化・調整できる。
- 双方の役割分担や連携には常に努力が必要。

図7-1　医療チームとしての構造

　それを継続して支え、新たな関係性や価値観を与えてくれる、三者関係的な良性の超自我（疑似親子的な体験）としての役割・枠組みを担うことになり、その中で成長や変化が育まれることになるだろう。また、その家族とひとりの専門職との間に疑問・関係の不調和などが起きても、もうひとりの専門職がそれを察知し調整して関係を継続させることができるという利点もある。両者の連携がうまくいかない場合には、親子の状態や関係が不安定になることもあり、絶えず努力や工夫が必要である。

2）親面接の機能

　歴史的経過から言えば、1960～90年代に慶應義塾大学精神神経科においては、精神分析的な方向性の下に医師と心理職がチームを組んでの父母カウンセリングを並行した子どもの治療が数々行われており、そこで生じる様々な現象や課題についていくつか論文が発表されている。

　中でも小此木・深津[4]は病態の重い親を含むチームの中では、親からの子どもの治療への拒否感情なども起きやすく、治療全体が危機に陥りやすいことを述べている。この際、親に対しては管理医としての医師とセラピストとしての心理職が関わっている。ここで精神分析的な子どもの治療における「親との関わり」については、四つの形式があるという。

　（ⅰ）親カウンセリング：親への支持的な精神療法、親の不安や悩みに共感

し、課題を受け止めつつも、子どもの発達や病理についての理解を促す。養育態度や親子関係への助言を行う。
（ⅱ）　親治療（親自身の心理療法）：親自身への（これまでの生活史からくる問題について）治療としての側面を持つ。意識的無意識的な洞察を得て、親の心的変化が親子関係にも良い影響をもたらす（しかし親の個人療法とは異なり、子どもや家族の問題へと最後は関係づけていくことが大切である）。
（ⅲ）　家族療法的立場からの家族合同面接などを取り入れた治療。
（ⅳ）　親ガイダンス：上記論文では「父母同伴で子どもとは別の治療者が行う規則的な」という注釈がついているが、子どもの心理療法の経過についてのフィードバックや、より現実適応的な助言や説明なども入ってくるであろう。

　以上を現在の筆者の視点で捉えると、ひとりの親との面接でも、上記の四つの要素を必要により重ねて応用しながら面接を進めてゆくことも多いのではないかと思う。
　なおガイダンスについて、昨今では、「子どもが発達障害ではないのか」を懸念して受診される場合、実際に「発達障害」と診断された子どもの養育に悩んでいる場合もあり、親ガイダンスとしてそうした専門的な知識や療育的な視点をうまく伝えていくことも必要になってきている。また、子どもの場合、学校制度の中で進級や進学の時期を控えていると、本人の進路や所属先をどう考えたらよいのかなどの現実的な心配も親にとって切実であり、これらも含めて相談にのっていくことが必要になろう。

第4節　親面接の留意点

　親面接の留意点をあげると表7-2のようになる。まずは、子どもの養育者としての親、これまでの人生を生きてきたひとりの人として相手に敬意を持って接し、不安や悩みを十分に聴き、セラピストとのやり取りの波長を合わせなが

表 7-2　親面接での留意点

（1）基本的には共感・受容を中心に、親の自我を支持し、自己観察・判断・洞察力などを高め、子どもや家族への情緒的理解力を高めることを目的とする。
（2）親自身が望んでいなければ、親自身の生育歴など過去をこちらから積極的に探索していくことはしない。それを取り扱っても家族のなかの親の役割・機能としての部分に関係づけていく。
（3）基本的にはセラピストへの転移の解釈はしない。ただし転移的なもので治療への抵抗が発生している場合には扱っていく。背景に動いている転移-逆転移的な感情を捉えて、親の心理の理解に役立てる。

ら、親に面接についての安心感を持ってもらうことが第一である。そして子どもの現在の状況・生育歴・家族状況全体を聴取する中で、どのような方向を中心に進めていくかをアセスメントする。なるべく生活の具体的な側面でどのようなことが起きているのか、お互いにそこで起きる気持ちや意味を確認しながら話を進めると良いであろう。また、親自身がある固定的な枠組みの中でしか子どもへの判断ができなくなっていることも多く、それにどう別の見方・肯定的な捉え方を取り入れていけるか、新たな視野を共有できるようにすることも大切である。

一方、親自身から自分の子どもの頃を振り返りたいという要望がなければ、あまり積極的に親の生育歴を探索することは控えた方が良いだろうが、その面が何か大きな働きをしていると思われる場合には折に触れて少しずつ聞いてゆく。また、転移は積極的に解釈しないが、面接を続ける上での抵抗になっている場合などは、扱っていくことが望ましいだろう。

個人の精神（心理）療法とは違う点を意識しつつも、親の無意識的な感情に配慮し、転移・逆転移や世代間連鎖的な力動を感じとりながら、どのようにそれをまとめて本人の認識の中に伝えていくかが重要な部分であろう。なお、本稿では、具体的な親とのやり取りの方法を述べる余裕がないので、初心の方は、文献にあげた吉田[6]や、「親面接」という広い意味では、これまでに取り上げた小俣や中釜なども参考にされると良いであろう。

第5節　親面接の実際例

ここで簡単に二つの症例を挙げてそのような視点を提示してみたい（なお、複数の症例を元にしており、本質を変えない程度に改変をほどこしている）。

1　症例N —— 親自身への心理療法的な関わりが子どもの症状の改善につながった例

男児Nは幼稚園の年長組に在籍のひとりっ子。年中組から首を振るチックがあり、負けず嫌いで友達とけんかになりうまく遊べない、就学も控え不安、との主訴で受診。心理師が月2回の子どものセラピーと月1回の母親面接を両方担当する。父と母はともに30代の会社員である。

母は里帰り出産したが、母乳の与え方がうまくいかず実母（祖母）と口論になり、実母とはうまく関係が持てていない。本人は育てやすい子で健康であり、父親とは仲が良い。しかし母は「自分は子どもにうまく関われない暗い母親」と乳児期から子育てに自信がなかった。今も子どもは甘えるように泣いたりするが、母は時々「もういい！」「疲れているからあっちに行け」と怒鳴ってしまい、あとから謝ることが多い。

合同のプレイ場面では、子どもは母に何か自分の思う物を描かせようとして自分で遊びたがらないが、ひとりになると自分でプラレールを組み立てて電車を走らせ、本来健康度は高いように見えた。何かブロックで制作していると途中でうまくいかなくなり、放り出し、「やって」と大人に丸投げするので、安定したやり取りが続かない。自信がなく、甘えたいが親密な親子関係が持てない複雑な心境を抱えているようであった。

月2回の子のセラピーの他、月1回の母親面接で、母は自分の原家族で両親の関係が破綻しており、実母は家事などはこなし、教育的な習い事などは率先するものの、子どもたちには否定的な言葉を投げかけるのみで愛された実感がなかったという。ふたりの姉たちを頼りに育ったこと、家を守るべき父（祖父）はたまに帰宅するのみで、父への怒りがあっても、感情そのものをなかな

か表出することもできない殺伐とした家庭であったことを振りかえる。長年にわたる両親への怒りや姉妹への思いを毎回自分でも深く考え抜き、亡くなった家族への喪の仕事も含め、整理していった。

　子どもがちょっと自分から離れると見捨てられたように感じることや自分の気持ちを汲んでくれないと感じた時の夫への激しい怒りにも気が付いて話し合った。子どもと母で、玩具やブロックで遊ぶ時間も作り、だんだん母が暴言を吐くようなことがなくなり、静かな交流が持てるようになって子どものチックも消失した。子どもは就学後も適応がよく、友達とも遊べるようになった。

2　症例O ── 家族関係を見ながら思春期の自立を支える視点を養った母親面接

　40歳代の主婦である母親Oは、医師から心理師に母親面接のみを行うよう紹介された。高校生の息子ふたりのうち2年の次男は中学2年から不登校で母に家庭内暴力があり無気力となっていた。高校3年の長男は受験を控えながら高校の出席日数がぎりぎりで、弟とは仲良しだが、弟が不機嫌になると巻き込まれてしまい不安定になるため、しばらく母方の実家に行っていた時期もあった。父親は単身赴任で、週末だけ帰宅するが、長年妻とあまり話をすることがなく、子どもにも一方的に厳しい勉強の課題を強いてきたので、子どもたちもあまり近づこうとしなかった。妻である母に対しても、やはり一方的に要求を押し付けるので母も平静に会話のやり取りができなかった（図7-2）。

　母の対象希求的なエネルギーは長年子どもふたりに向かい、思春期になっても生活面・勉強面のかなり細かいところまで立ち入って世話をしていた。子どもふたりにとっては時々うるさく干渉的に感じられ、元々敏感な性質もあり、自分の力で自立して学校に適応していくことに困難が生じていた。ある時次男が母に家庭内暴力をふるい、長男が止めに入って事なきを得たが、父は帰宅せず、母は愕然として落ち込み、うつ状態になり台所でアルコールを飲む毎日となってしまった。

　精神科医師が次男と母に服薬治療を行いながら、助言を与えるとともに、母は心理師のもとで、隔週に1回面接を開始した。まず、心理師は母自身の不安をくみ取り、何をどうしていいかわからない家庭内の状況について聴取し、

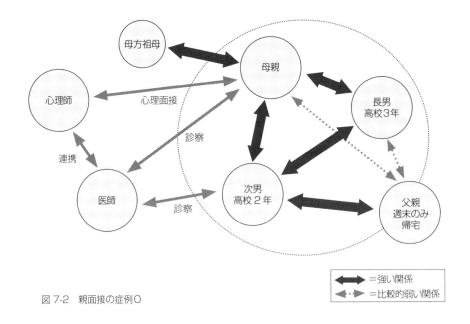

図 7-2　親面接の症例 O

「少しずつ整理して考えていきましょう」と、ひとりひとりの家族のことや自分との関係、互いの関係、学校などの状況への対処について考えていった。また、学校の進級の問題など必要なことは父にも知らせるように勇気づけし、コミュニケーションの改善を図った。父との間は容易に埋まらない長年の溝があったが、父が次男のことを心配し、単身赴任先にしばらく住まわせ、週末帰宅しながらも面倒をみるようになった。母は実家の母の力をも借りつつ、自分の考えを勇気をもって父（夫）にぶつけることも試みている。

また、細かいことに声をかけすぎず、少し距離を置いて子どもが自分で考えて行動するよう見守る姿勢を保持するようになり、学校にもほどよく交渉するスタンスが取れるようになった。長男はその中で高校を卒業し入試に挑戦できるところまで行き、予備校に通うようになった。次男も少しずつ高校に通うことができるようになった。

ここでは、医師の診察と心理師の面接を別の日に並行して行い、その枠組みに支えられながら、母親自身が自分の力で、家族全体を見る目を養い、自分の感情を見つめ、動き方について理解力・判断力を身に付けていくことを主な目標とした。母親自身の心理的な自立と夫婦関係の改善も大きなテーマであり、

家族療法的な力動のとらえ方が必要であった。

第6節　おわりに

「親面接」について歴史的な経過を振り返りながら、子どもや思春期の治療的な場面でどのような役割・機能を果たしたら良いのかをまとめた。

日本の家族形態は、この数十年で大きな変化の時期を経てきた。子どもの成長を支える上で、親や家族への援助は欠かせないが、インターネットが普及し、社会の人間関係の持ち方自体が大きく変化する中、家族のそれぞれがどのような思いで生活しているのか、理解できないまま過ごしているということも多い。子どもに何か心配なことが起きて初めて、自分や家族の問題に直面するということもあるだろう。医療現場においても、今後必ず必要な関わりの分野となってくるであろうし、地域の機関等とも連携を取りながらケースを見守っていくことが今後も増えてくるであろう。精神分析的に家族への接し方やセラピーをどう行っていくか今後も検討していくべき課題の多い分野といえる。

文献

1) 木部則雄「英国の児童精神分析の理論と実際——クライン派の児童分析を中心にして」『精神分析研究』40(5)、1996、419-434
2) 木部則雄『こどもの精神分析——クライン派・対象関係論からのアプローチ』岩崎学術出版社、2006
3) 中釜洋子『個人療法と家族療法をつなぐ——関係系志向の実践的統合』東京大学出版会、2010
4) 小此木啓吾・深津千賀子「児童治療における重症のパーソナリティ障害をもった親との関わり」『精神分析研究』40(5)、1996、493-508
5) 小俣和義『親子面接のすすめ方——子どもと親をつなぐ心理臨床』金剛出版、2006
6) 吉田弘道『心理相談と子育て支援に役立つ——親面接入門』福村出版、2013

第Ⅲ部　思春期と精神分析

第8章
思春期の発達論

木部　則雄

第1節　はじめに

　思春期が依存と自立を廻る葛藤であるということについて、多くの精神分析理論が指摘している。ここでは全ての個々の理論に言及することはできず、総論的に思春期のメンタリティに関して日々の臨床の経験から記述する。

　思春期というのは基本的に医学用語であり、思春期は性ホルモンの活発化による身体的変化を基盤としている。また、同時に認知・知的能力の発達に伴い現実を見ることができるようになる。性ホルモンという本能の亢進によって、それは衝動性として外界に投影される。この思春期には乳幼児からのセットアップが大きな役割を担っている。凄絶な思春期（図8-1）の到来は依存対象と投影同一化の関係性に起因すると思われる。（1）乳幼児は適切な依存対象との対象関係を形成するに従って自己愛、特にクライン派の破壊的自己愛はその勢いを弱める。依存対象と自己愛というこころの布置が形成されることが思春期を通過する必要十分条件である。（2）この際、この標的になるのは両親であり、両親は思春期の子どもたちからの攻撃を受けることになる。両親という内的対象はスプリットされ、両親のよい部分は否認され、外界へスプリット・オフされる。（3）当然のことながら、両親というコンテイナーは破壊され、思春期の若者は混乱状態に陥る。（4）この部分は外在化し、同じ自立という悩みを抱えた仲間たちとのグループ形成に至る。さらに、これは思春期の理想的対象や恋愛対象の基盤ともなる。この両親への攻撃は時に容赦なく、これは数年に及び家庭内暴力などの双方に悲惨な事態を招くこともあるかもしれ

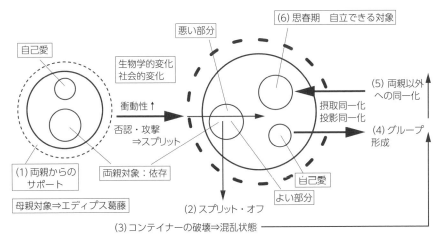

図 8-1　思春期・青年期メンタリティの発達

ない。この思春期危機はほとんどの場合、両親は理想的なものでなく、両親の よい部分が優るほどの両親像が確立することで思春期は幕を閉じる。このプロ セスは宮崎駿の『千と千尋の神隠し』に描かれている。これはクラインの妄想 分裂ポジションから抑うつポジションへの展開であり、思春期が乳幼児期のや り直しであるということを意味している。(5) 両親以外への理想化、同一化 のプロセスが展開し、それが摂取同一化される。(6) 最後に自立できる対象 が形成される。

　この健康なプロセスが展開しない場合は、乳幼児期からの両親のケア不足、 あるいは子ども自身の摂取同一化の能力に依拠している。思春期の病的発達 (図8-2) では、(1) 乳幼児から適切な両親への依存は成されず、自己愛は肥 大化したままである。(2) また、コンテイナーの機能も充分でなく、乳幼児 から混乱状態に陥っている。こうした状態では、思春期になり外界には両親の 悪い部分が投影同一化され、よい部分は消滅する。その結果、これに同一化す るか、精神病状態に陥るか、あるいは自己愛の囚われの身になる。(4)(5) (6) この同一化は反社会性であり、囚われの身は反社会性、引きこもりであ る。この状態では必然的に乳幼児メンタリティと出会うことになり、愛情とい う情緒的基盤のない性衝動が性的逸脱行為や嗜癖といった問題行動に陥らせる。 思春期になって精神科などの専門家を訪れる若者たちは、こうした乳児期から

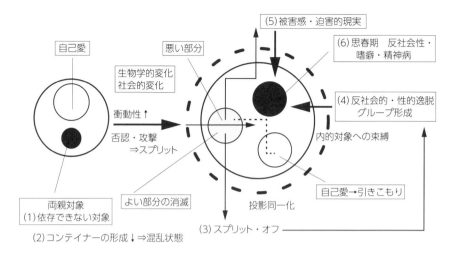

図 8-2　思春期・青年期メンタリティの病的発達

の問題を抱えており、その万能感は現実と出会うことがないため、専門家への援助や信頼を見出すことはほとんど困難なときもある。特に虐待などの悲惨な体験をした思春期の若者には最低限の治療関係を築くための基盤がないために、治療を継続することは難しい。村上春樹の『海辺のカフカ』には、母親から捨てられた経験のある若者が四苦八苦して成長することが記載されている。

　思春期の若者は、その衝動性のために両親のコンテイナーを破壊するが、自立という困難なテーマに出会い、不安に苛まれ、グループを形成する。グループは同じような悩みを抱えたり、同じような志向性のあるメンバーから構成される。このグループに関連して、両親以外の理想的であるものの、ある程度、現実的な外的対象を摂取同一化して、将来への指向性を決定する。こうしたグループ心性は、村上春樹作の『色彩を持たない多崎つくると、彼の巡礼の旅』などにも現れている。

　これらの文芸作品から、思春期のメンタリティの詳細を論じたい。

第2節　健康な思春期──『千と千尋の神隠し』より

　本映画は冒頭部分で、両親が豚になるという衝撃的な場面から、観客は一気に幻想的な世界へと導かれる。千尋は自らの心的世界で、両親を豚に変える。豚は醜く穢れた存在としての両親のイメージであり、思春期の若者たちが抱く両親に対する心的イメージである。今まで世界で一番綺麗で、優しいと信じていた母親、世界で一番賢くて、強いと思っていた父親は、現実にはそれと程遠い存在であることに、思春期の若者はリアルに気づいてしまう。そして、幻滅の渦に巻き込まれてしまうことになる。これはクラインの語る、授乳もしない、貪り食う悪い乳房そのものである。しかし、千尋のこころの中の両親像が豚になるしかない脱価値化されたものだけであったならば、千尋はこの世界での冒険を完遂することはできず、豚になった両親と同時にハクという龍の化身の少年が本映画の冒頭から登場する。ハクの機能は終始一貫して、千尋を援助する対象であり、これはスプリットされた「よい」両親の対象と見なせる。ハクは援助、つまり授乳する理想化されたよい乳房である。このように内的対象が悪い対象とよい対象にスプリッティングされたこころの状態が、まさしく妄想分裂ポジションである。

　クラインは、「躁うつ状態の心因論に関する寄与」(1935)[8]、「喪とその躁うつ状態との関係」(1940)[9]で、乳児の情緒発達における心的布置の一つの形式を抑うつポジションとして記述した。抑うつポジションは生後4、5ヶ月から今まで別々であると思っていた授乳時のよい乳房と、欲求不満にさせる悪い乳房が同一のものであることに気づくことから始まる。そこでの対象関係は、全体対象に向かう道筋の始まりである。乳児は母親を自らの攻撃性で破壊してしまうかもしれないという抑うつ不安と、よい対象への償いを巡って複雑なこころの世界を展開させる。その後、クラインは「分裂機制についての覚書き」(1946)[10]で、抑うつポジションに先立つ妄想分裂ポジションを提唱し、スプリッティングと投影同一化を中心とした原始的防衛に基づく心的世界を描写した。更に、この二つのポジションを心的発達の基軸とし、妄想分裂ポジション

から抑うつポジションへの移行を心的発達として論じた。これは一直線の一方向的な進展でなく、往来の過程であることを理解することが重要である。その後、ビオンはこれを「PS⇔D」として記号化した。ブリトンは『想像と信念』(1998)[6]で、これをさらに明確にし、正常な発達過程を「PS（0）⇒ D（0）……D（n）⇒ PS（n+1）⇒ D（n+1）……」と記載した。これは人生の試練に出会うたびに抑うつポジションから妄想分裂ポジションへと戻り、そしてまた抑うつポジションに到達するということを意味している。

　本映画では、千尋は実際の引越しへの怒りと思春期への引越しの戸惑いから、両親を攻撃し、豚とハクにスプリットさせたと考えることができる。千尋は決してひとりでこの冒険を切り抜けたわけではなく、ハクなどの重要な援助者たちの貢献がなければ、千尋の心的発達は為されない。特に、ハクは援助する両親を象徴する対象であり、こうした対象の存在は千尋の乳幼児期での体験の良好さを示唆している。

　その後、ハクが映画に登場するのは、銭婆のところから魔女の刻印を盗み出し、その手先に追われて、瀕死状態で湯婆婆の油屋に戻るシーンである。湯婆婆は瀕死状態のハクを見捨て、湯釜のある地階へと落とす。このシーンには、大きなテーマが二つある。まず、今まで影となり日向になり千を援助したハクが、窃盗という犯罪的な行為に手を染めたということである。千はこれに大きな疑問を抱くこともなく、ハクの救出を決心する。これは思春期になりかけた子どもが、自分の親の現実の姿を知ることに似ている。千はハクから受けたよい体験に感謝し、相手の過ちを自然に許すことができた。これはクラインの発達論的にいえば、よい対象であるハクには過ちを犯す側面もあるが、千はハクからの恩を忘れることなく、それを受け入れたこととなり、統合された全体対象としてのハクが成り立ちつつあることを意味している。

　次に注目すべきことは、ハクが傷ついた対象（damaged object）であるということである。クラインは、抑うつポジションで乳幼児が自らの攻撃性によって傷つけた母親をいかに修復するかというテーマが中心であることを記している。千はハクを救うために決死の覚悟で銭婆のところに魔女の刻印を返却に行く決心をする。これは修復の作業に相当し、傷ついたハクの罪を軽減することになる。この千の行動の背後には、ハクへの感謝が憎悪に勝り、対象を復活さ

せようとする意図がある。釜爺の援助を得て、千は電車に乗って、怖れながら銭婆のところを訪れる。銭婆は魔法で作るのでは意味がなく、皆で作ることが大切であると言いながら、皆で千のために新しい髪留めを作った。魔法という全知・万能感を捨てて、現実を受け入れ、現実的な思考ができることが、抑うつポジションの特徴である。この時点で、千尋の大きな心的発達が為されたことに疑いはない。その後、ハクが迎えに来て、油屋への帰路にハクに乗って大空を舞う姿は、千尋の初恋のようでもあり、思春期の謳歌とも思えるすがすがしさを醸し出す。

　ここで再度まとめておくと、ハクの対象としての変遷は妄想分裂ポジションから抑うつポジションに至る健康的な道筋を描き出している。当初、ハクの機能はよい両親として千を援助する理想対象であった。しかし、次に悪事を行うことによって、その理想対象が脱価値化され、瀕死状態にある傷ついた対象になった。これはハクが豚になった両親のような愚かな部分を持ち合わせていることを示唆している。しかし、千はハクに幻滅することなく、ふたつの両親を統合することができた。この統合こそが、抑うつポジションに至る最大の心的変化である。抑うつポジションでの罪悪感は、妄想分裂ポジションの迫害的罪悪感と異なり、償うことができるということである。傷ついた対象であるハクの傷は必然的に治癒し、元気なハクに戻ることができた。これが修復である。そして、その延長線上に恋愛の対象とも思える対象選択がある。

　抑うつポジションに至ることによって、人はどのようなこころの変化を為すことができるのであろうか。千は多くの豚の中から両親を見つけることができた。これが千の大きな進歩、抑うつポジションからの贈り物である。つまり、両親の現実を「知る」ことができたということになる。本映画の本筋は、千尋が両親の豚のような醜さや頼りなさを知り、それを受け入れ、それを救出するための努力をしたということである。千尋は目を逸らすことなく事態に対応し、自らを「知る」ことができた。真実から目を逸らすことなく、それを見ることは辛いことであるが、これを見ることができなければ、エディプス王のようにコロノスという閉鎖された空間で現実を見ることなく、神になったかのように引きこもるしかないのかもしれない。

第3節　困難な思春期を生き抜く──『海辺のカフカ』より

　『海辺のカフカ』を引用しながら、困難な思春期に直面した青年について論じる。主人公のカフカの精神病理の発端は4歳の時に母親が家出をし、捨てられたことであった。15歳のカフカは決して穏やかな中学生でなく、ときに暴力的な行動もする情緒の欠落した少年であった。日常生活の中心は、運動、読書、勉強をすることのみであり、対人関係を頑なに拒否していた。運動に関して、〈中学に入ってからの2年間、僕はその日のために、集中して身体を鍛えた。……時間があればひとりでグランドを走り、プールで泳ぎ、区立の体育館にかよって機械を使って筋肉を鍛えた〉（上巻13頁よりの抜粋。以下、上 p.13 と記す）と書かれている。また、読書に関して、〈休み時間になるといつも学校の図書館に行って、むさぼるように本を読んだ〉（上 p.14）とあり、活発な知性化が行われていたことが窺える。運動と読書は、15歳の誕生日に決行する予定の家出のために行っていたものであったが、この行動は、カフカが母親という対象を喪失し、それを埋め合わせるために行ったものでもあり、辛く孤独な幼年期から少年期を生き抜くための防衛的な行動であった。

　カフカは自らの心的状況に関して、〈僕は自分のまわりに高い壁をめぐらせ、誰ひとりその中に入れず、自分をその外には出さないようにつとめていた〉（上 p.14）、そして〈「頭がかっとすると、まるでヒューズが飛んじゃったみたいになる。誰かが僕の頭の中のスイッチを押して、考えるより先に身体が動いていってしまう。そこにいるのは、僕だけど、僕じゃない」〉（上 p.147）と語っている。

　乳幼児発達の研究者エスター・ビック[1]は、最早期の母子関係に支障があると、健全な心的機能の基盤になる皮膚の形成が損なわれ、心的発達に多大な影響を及ぼすことを記載している。皮膚の適切な機能は、崩れ落ちそうな自我を包み込み、外界からの刺激を選択的に透過させたり、拒否したりする。それはいわば細胞膜の「選択透過性」のようなものである。私たちはすべての刺激を受け入れているわけではない。適切な皮膚機能の形成に失敗すると、筋肉が皮膚の

代用として機能し、「第二の皮膚」と言われる筋肉の皮膚が形成されてしまう。そこには適切に外的世界と交流できる心的空間が形成されることなく、外界からの刺激のすべてを遮断し、情緒接触を行う皮膚の機能が損なわれてしまう。ただ、ときに外的現実の刺激に対して衝動の高まりを伴い、吃音などの爆発的行動や暴力で対応する。主人公カフカの一連の心的状況や行動は、ビックの「第二の皮膚」という概念に該当する。家出前のカフカは、優秀なコンピューターのような頭脳と筋骨隆々とした身体をもつサイボーグのような少年であったと思われる。

主人公カフカは、下巻に登場する森の中で、自分が愛される価値のない人間だということを必死に訴えるが、これは4歳時に母親から見捨てられた対象喪失に依拠するものである。幼児期の重要な養育者の喪失によって、自分のせいでこうなったという自責感や罪悪感を抱くことがしばしばある。また、これは被虐待児の心性として特徴的でもある。これは万能感の裏返しであり、惨事が自分の力によって起きたと感じ、理不尽な罪悪感を抱く。カフカは、4歳時の対象喪失を「第二の皮膚」によって対処するが、その心的世界は罪悪感に苛まれたものであった。これは決して健康なパーソナリティではなく、重篤なパーソナリティ障害と考えることができる。

もうひとつ、主人公カフカの対象喪失で忘れてならないのは母親の家出の時に誕生したカラスである。カラスはカフカと対話し、親友のような存在であるが、これはイマジナリー・コンパニオンと言われるもので、幼児のこころの中に存在することがある。カフカは、母親の喪失に際してカラスを作り出し、自分のパーソナリティの一部を分離し、客観視することで、この窮地を乗り切ろうとしたのであった。

本小説での出来事について時間軸を追いながら、主人公カフカのエディプス・コンプレックス、早期エディプス状況の克服に関して考察する。

（1）家出──父である田村氏の呪いから逃れるために、15歳の誕生日にカフカは家出をする。その呪いは、〈それは装置として君の中に埋めこまれている〉（上 p.17）とカラスが発言するように、ギリシャ悲劇のエディプスのような運命を決定する予言であった。この時のカフカの心境は〈そこでひとりで生

きのびていかなくてはならないのだ〉（上 p.15）というものであった。それは本来の自立と異なり、帰る場所の存在しない苛酷な自立への旅立ちでもあった。当初、母親に関する記述はまったくないが、カフカの心中にはスプリッティングされたふたりの母親が存在していた。自分を溺愛しすべてを満たしてくれる理想的な母親と、自分を捨てて家出した残忍な母親である。愛される価値がないと感じているカフカには、残忍な母親は否認され、理想化された母親のみが誇大化していた。

（2）田村浩一氏の死——父親の呪いは、自分を捨てていった妻とその浮気相手である甲村氏の分身である実子のカフカに向けられる。同時に、この呪いは自分自身にも向けられる。田村浩一氏の無意識の表象であるジョニー・ウォーカーは、ナカタさんに〈私自身が心から死を求めているということだ。私が殺してくれと君に頼んでいるんだ〉（上 p.247）と殺人を依頼する。これは息子カフカへの憎悪のために、カフカに殺人の罪を犯させる必要があったようである。カフカは当初、恐怖心のみから家出をしたが、その後、父親の呪いの背景にある父親の心情を理解するという作業を行うことをなした。カフカは佐伯さんに〈父はあなたのことを愛していたんだと思います。でもどうしてもあなたのことを自分のところに戻すことができなかった。というか、そもそも最初から、あなたをほんとうには手に入れることができなかったんだ。父にはそれがわかっていた。だから死ぬことを求めたんです〉（下 p.111）と語っている。父の死に対する無意識の責任を感じることで、カフカは情緒体験ができるようになり、父親の苦悩を知ることが可能になった。

（3）15歳の佐伯さんとの出会い——父の死後、カフカが甲村氏の部屋に住むようになると、15歳の佐伯さんの幽霊が現れるようになった。佐伯さんは解離状態であり、現在の自分自身であるという意識はない。カフカは恋をしたことを自覚し、絵に描かれている甲村氏に嫉妬の念を抱くようになる。これは感情を知ることのできないカフカにとって、愛情と嫉妬という重要な感情を知る経験になった。カフカは初めて、解離状態の佐伯さん＝母親に愛情を注ぎ、甲村さん＝父親に嫉妬を抱くという構図が完成した。しかし、佐伯さんが自分の母親かもしれないという仮説は、カフカを混乱の極みに陥れる。佐伯さん側から考えると、その混乱した精神病理性から15歳の実子かもしれないカフカ

と若い時の甲村氏とが同一化されていた。

　（4）　佐伯さんとの性交——現実の佐伯さんは〈彼女は眠っている。僕にはそれがわかる。たしかに目は開いている。でも佐伯さんは眠っているのだ〉（下 p.90）という状態で、カフカとの性交に及んでしまう。彼女が母親であるという仮説を確信するカフカは、〈そこにはとても大きな行きちがいがあることを教えなくちゃならない〉（下 p.91）ともがくが、〈そして君自身、時間の歪みの中に呑み込まれていく〉（下 p.91）とあるように、禁断の木の実を食してしまう。15歳の佐伯さんへの恋心は健康なものであるが、母親として佐伯さんに抱く性欲は禁忌である。幼児性欲には、いかに母親に性欲を感じても実行ができないという現実的な壁がある。さらに、正気の佐伯さんは『海辺のカフカ』の絵を前に昔の思い出を語る。〈二つのコード〉（下 p.116）のように、カフカと甲村氏は混乱され、それに呼応して恋人と母親も混乱している。漢字合わせであるが、「田村」と「中田」は田の字が同じで、これに「中」を上から重ねると「甲」という文字になり、残りの「村」を加えれば、「甲村」となる。つまり、佐伯さんのこころの中では、「甲村さん＝田村カフカ＋ナカタさん」という構図が成り立っていた。この混乱はカフカにとって唯一の救いであった。それは自分が甲村氏の代理として性交をしているということで、近親相姦への罪悪感を緩和する余地が残されたからである。

　（5）　戻ることのできる場所——カフカは性交に溺れるわけでなく、自分の仮説への強い好奇心から自分を振りかえるという作業を開始する。カフカは〈僕が求めているのは……そういうものごとを静かに耐えてくための強さです〉（下 p.155）と語り、失われた時間を埋める作業として、〈戻ることのできる場所〉（下 p.160）が必要であることを知る。戻る場所とは、信頼できる母親という対象が内在化されたこころの一部を示している。カフカは性欲以上に、〈戻ることのできる場所〉としての母親の大切さを認識する。

　（6）　佐伯さんの死——ナカタさんは甲村図書館にたどり着き、佐伯さんと出会う。ふたりは当然出会うべき存在として、お互いを認識する。入り口の石を開けたことの意味を、佐伯さんは〈いろいろなものをあるべきかたちに戻すためですね〉（下 p.287）と語る。思い出だけを記載したノートをナカタさんに預けて、佐伯さんは静かに命を閉じた。入り口の石を開けた世界、つまり森の

中の世界は、佐伯さんと甲村氏の完璧な関係を損なわないための閉じられた世界であった。佐伯さんは未来を信じることができずに〈私にとっての人生は20歳のときに終わりました〉（下 p.191）と過去の思い出に陶酔して、生涯を閉じた。

（7）森の中の体験——大島さんは〈君はこれからひとりで山の中に入って、君自身のことをするんだ。君にとっても、ちょうどそういう時期にきている〉（下 p.190）と語り、森の中の体験は精神分析の過程のように進展する。森の中に深く入るに従って、カフカは〈疑問。どうして僕を愛してくれなかったんだろう。僕には母に愛される資格がなかったのだろうか？…（略）…僕は生まれつき汚れのようなものを身につけた人間じゃないのか？　僕は人々に目をそむけられるために生まれてきた人間ではないのだろうか？〉（下 p.303-304）、と内省的な疑問をカラスに尋ねる。カラスは〈彼女は君のことをとても深く愛していた。君はまずそれを信じなくてはならない。それが出発点になる〉（下 p.304)、更に〈君にはまだそれを回復することができるんだってね〉（下 p.304）と修復の可能性を示唆する。これは取り返しのつかない過去、どんなに手を尽くしても元通りにならないことでなく、カラスは〈君がやらなければならないのはそんな彼女の心を理解し、受け入れることなんだ。彼女がその時に感じていた圧倒的な恐怖と怒りを理解し、自分のこととして受け入れるんだ。言いかえれば、君は彼女をゆるさなくちゃいけない……それが唯一の救いになる。それ以外に救いはないんだ〉（下 p.305）と語る。カフカは佐伯さんの恐怖と怒り、愛しているのに捨てなければならない意味を自問し、途方に暮れる。カフカの疑問とカラスからの返答は、まさに抑うつポジションの命題に相当している。カフカは、より深い無意識を探求するために森の深部に入りこみ、15歳の佐伯さんに出会う。15歳の佐伯さんは佐伯さんの無意識であり、料理、掃除や洗濯を行い、カフカの身辺の世話を母親のようにこなす。そして〈もし必要があれば、私はそこにいる〉と繰り返して語る。更に、この世界には時間がないと繰り返すが、この15歳の少女から受けた世話こそ、本来母親から受けるべきものであった。カフカはここで初めて、母親からの世話を受けたと感じることができた。この時点で、カフカは母親という安全基地を手に入れることができた。

（8）　カラスとジョニー・ウォーカーの対決——第46章と第47章の間に挟まれた章立てになっていない「カラスと呼ばれる少年」は重要な部分である。シルクハットの男はカラスに、〈君は私をこの先にいかせたくないんだろう？　そうだよな？　それくらいは私にもわかるんだ〉続けて〈で、結論から言うならばだね。君には私の進行をとめることができない〉（下 p.364）と語る。シルクハットの男は、まさしくジョニー・ウォーカーである。その男は、〈君はなんといってもただの未成熟な、寸足らずの幻想にすぎないわけだからね。どのような強固な偏見をもっても、君には私を抹殺することはできない〉（下 p.364）と挑発する。カラスはその男に総攻撃を加えて、両目を抉り、舌を裂くが、その男は不死身であった。これは父親に挑む息子という世界である。ここで初めて、母子関係の確立後の順番に従ったエディプス・コンプレックスの展開が認められた。

　（9）　森の生活の展開——15歳の佐伯さんとの会話は、〈私が私でありながらすきまなくあなたの一部になるのは、とても自然なことだし、一度慣れてしまえばとても簡単なことなの〉（下 p.374）と、母親という援助する内的対象の確立を示唆した。次の日には、佐伯さん自身が訪問し、記憶をなくした佐伯さんは、カフカに〈もとの生活〉（下 p.378）に戻ることを強く勧める。佐伯さんは〈私は遠い昔、捨ててはならないものを捨てたの〉（下 p.381）と自らの行為に対する罪悪感を語り、カフカにゆるしを請う。そして、〈お母さん、と君は言う。僕はあなたをゆるします。そして君の心の中で、凍っていたなにかが音を立てる〉（下 p.382）と怨みが音を立てて崩れる。ここには、「抑うつポジション」の大きな心的進展が認められる。理想化された母親と残酷な母親というスプリッティングは統合され、カフカの成長は、抑うつポジションへの心的布置の進展と総括することができる。

第4節　グループ心性——『色彩を持たない多崎つくると、彼の巡礼の旅』より

　本小説は多崎つくると木元沙羅のデートのシーンから始まる。木元沙羅の沙

羅は、釈迦がクシナガラで入滅した時に、その釈迦の周辺を囲んでいた木の名前であり、沙羅双樹として涅槃図にしばしば描かれている。沙羅はつくるに真実の探求を促し、つくるの未解決な外傷体験を葬り、その解決を促したことからすれば、この名前は適切な役割を表わしている。つまり、この小説のテーマはつくるが沙羅という協力者を得て、それまでに直面することのできなかった未解決な出来事の巡礼の旅に出かけるというものである。このグループのメンバーが誰も16年の間、真実を明らかにしなかったことは不可思議なことである。つくるは沙羅への愛情のために真実を明らかにする決心をする。

　本小説の主題のひとつは仲良し高校生グループからつくるが追放されたことの理由とその顛末である。そのグループは男女5名からなり、元々ボランティア活動に端を発している。若者に限ったわけではないが、ボランティアといった援助行動、愛他主義は一見、健康な行為とされている。このグループはボランティアという領域を超えて、他の活動でも親密な関係を形成した。ここには一切の秘密もなく、男女関係も、諍いもない理想的なグループであった。つくるを除く4名はある意味、このグループの維持のために名古屋の大学に進学した。つくるが東京の工科大学に進学した後もグループは維持されたが、シロがつくるにレイプされたという発言によって、このグループは真実を追求することなく、つくるはグループから追放され、グループは崩壊した。

　ビオンはグループに関してまず、グループには作業達成のための作動グループ（Work Group）心性とそれを阻止する基底的想定（Basic Assumption Group）心性があることを指摘した。作動グループとは、メンバーが協同して基本的作業に集中し、合理的、科学的な方法を用い、作業に伴う困難という欲求不満に耐え、現実原則に従うことによって、グループ全体、個人ともに発達するというものである。しかし、基底的想定という原始的な情緒衝動によって、作動グループの基本的作業は阻止され、回避されてしまう。この基底的想定は当初、混沌としたものであるが、それがグループ全体の共通の幻想から発していると仮定すると、まとまりのある心性となることを記している。また、フロイトは集団心性を個人心性に極めて酷似したものとして捉えた。それに従えば、作動グループ心性は意識的であり、基底的想定心性は無意識的なものである。ビオンはこの基底的想定グループを、①依存基底的想定、②闘争・逃避基底的想定、

③つがい基底的想定に分類した。依存基底的想定とは物質的、精神的な援助や保護のために依存しているリーダーのために集まったものである。闘争・逃避基底的想定とはグループの存続のために闘ったり、逃げたりするように振る舞うことを特徴とする。つがい基底的想定とはグループの存続と維持が魔術的な性的関係によって生まれてくると予期される救世主によって維持されるだろうという幻想に依拠している。

　つくるを含むグループはボランティア、友情、勉学など作動グループとして機能したが、同時にこの優等生グループの維持のためには男女関係、つがい（ペア、カップル）になることが暗黙の了解としてタブーとなっていた。このように性を抑圧、否認したことによって、このグループにおいては無意識的につがい基底想定が活発に作動することになった。よって、このグループはつがい基底想定の特徴である幸福感、楽観、親しみ、穏やかで心地の良さという側面を有していた。つくるを除く４人も、本来名古屋という土地に残る必要はなく、特にアカとアオは名古屋以外の大学に行ける境遇にいながら、グループ存続のため名古屋に留まることを決めた。それもこのグループの心地よさに由来していたと考えられる。そして、つくるが東京の工科大学に進学したことから、このグループは破綻への一歩を踏み出した。つくるが抜けたことによって現実的な作動グループとしての機能がなくなり、グループ全体で否認されていた性欲は無意識の幻想でなく、一気に現実化して表現された。それはレイプという恐ろしい現実としてシロに襲い掛かり、更に妊娠によって戦慄を伴った救世主が具現化した。しかし、救世主として人びとが望んだイエス・キリストが処刑されたことと同じように、これは流産という悲惨な末路を辿った。

　つがいグループ基底的想定では、決して希望は現実化されてはならず、その途端にグループは崩壊を辿ることになる。シロは、つくるにレイプされたことを他のメンバーに詳細に語り、他の３人を充分に納得させた。これは事実ではないが、無意識的にはユートピア的グループを崩壊させた犯人であったつくるがレイプの犯人とされたのは当然のことであり、その結果、闘争・逃避基底的想定が表面化することになった。

　このグループは〈共同体〉（p.21）であり、〈僕らの間に生じたケミストリー〉（p.21）であった。しかし、つくるは自分の姓に色がないことに違和感

第８章　思春期の発達論　　133

を覚え、いつか自分がグループから排除されるのではないかという危惧を感じていた。つ̇く̇るはアオとの会話の中で自らを、〈空っぽの容器。無色の背景。これといった欠点もなく、とくに秀でたところもない。そういう存在がグループに必要だったのかもしれない〉（p.168）と語るが、アオは〈……、でもおまえがそこにいるだけで、おれたちはうまく自然におれたちでいられるようなところがあったんだ。おまえは多くをしゃべらなかったが、地面にきちんと両足をつけて生きていたし、それがグループに静かな安定感みたいなものを与えていた。……〉（p.168）と反論する。クロとの会話でも〈……僕はいつも自分を空っぽの容器みたいに感じてきた。……〉（p.322）と評しているが、ここでつ̇く̇るが自ら語る容器とはどのようなものであるかを考察する。

ビオン[3]（1962）は早期母子関係をコンテイナー（容器）・コンテインド（中身）モデルとしてコンテイメント（包容容器）を提唱した。この世に生を受けたばかりの幼児は空腹ですら死の恐怖と感じ、その恐怖を母親に投げ込む。母親はその恐怖のコンテイナーとなって、乳児に空腹という名前を与え、授乳をし、その恐怖を緩和する。ビオンはこの過程をコンテイメントと名称した。これは心的過程の起点であり、この過程に支障が起きると重篤な精神状態に陥る。デュビンスキー[11]は、コンテイナーの機能を「感覚データ（感覚印象）＋情緒→象徴的思考」と定義し、発達障害や被虐待児の心的世界を精神分析的な見解から、コンテイナーの欠損、障害の結果であるとしている。つまり、発達障害や被虐待児は、心的要素となるα要素の生成に支障を来たしているために、①具象的思考、②万能感、（隠された無力感）、③受動的なスプリッティング、④「第二の皮膚」、⑤「分解」、⑥閉所（侵入同一化）などの精神病状態に至ることを論じている。

フロイト[7]は、思春期が潜伏期までの精神性的発達に続くものであり、そこでのテーマは幼児性欲を性器性欲に統合することであり、思春期が乳幼児のやり直しであると示唆している。思春期が時に平穏でないのは、この乳幼児のやり直しで大きな躓きを経験するからである。更に、思春期は子どもから大人への過渡期であり、両親への依存から大人という自立した個人になるまでの時期である。多くの思春期の若者は両親への依存を嫌うが、かといってひとりの個人として機能することはできずグループを形成する。しかし、思春期の若者はそ

れぞれ乳幼児期の未消化な葛藤を抱えているため、グループは不安定で流動的である。本小説のつくるを含めた5人も思春期になり、乳幼児期の葛藤の無意識的な再燃に苛まれながらも、それを乗り切るためにグループを形成した。ビオン[4]はグループに関してもこのコンテイナー／コンテインドを応用した。つくるが自認している通り、つくるがこのグループで担った無意識的役割は容器である。ビオンはコンテイナーとグループの関係は、共生（symbiotic）、共在（commensal）、寄生（parasitic）のどれかに該当すると考えた。共生的な関係とは対決は起こるが、その結果としてコンテイナーとメンバー双方は有益な発達を成し遂げることができる。共在的な関係では、コンテイナーとグループはお互いに影響することなく共在する。ここには対決も、変化もない。

　寄生的な関係では、羨望が優勢となり、コンテイナーとグループの双方にとって破壊と剥奪を生むことになる。さて、これを本小説のグループに当てはめて考察すれば、このグループは対決も変化もなく、コンテイナーと共在的な関係にあり、メンバー双方は決して発達することはない。つまりここでは変化は起こらず、新しい自己発達、自己発見もない。永劫回帰的に争いもなく、穏やかな平和な関係のみが存在する。この後、コンテイナーであったつくるは現実的に自らの発達、自立のために名古屋を離れ、コンテイナーと他のグループメンバー（コンテインド）はそれぞれを喪失した。そして、グループ内では羨望が竜巻のように起こり、メンバーは寄生的関係に陥り、破局的変化に至ったと考えられる。

　ブリトン[5]はビオンのコンテイナー／コンテインドに関し、理想的コンテインメントという絶対的な適合が存在するとすれば、それはその後に迫害感が追従し、失敗することになることを論じている。更に、コンテイナーとコンテインド間の相互の不適合、葛藤は必要なもので、人生とはそうした摩擦を避けられないと記している。本小説のグループのメンバーは同じ社会階層の平和な家庭に育ち、ボランティア、勉学に勤しみ、一見すると過度に品行方正で、グループは理想的なものであったが、その後に迫害的なものとなったことは、ブリトンの記述に一致する。

文献

1) Bick, E.(1968) The experience of the skin in early object relations. Int. J. Psycho-Anal., 484-486；In Joan Raphael-Leff. ed.(2008) Parent-Infant Psychodynamics.〔木部則雄監訳「早期対象関係における皮膚の体験」『母子臨床の精神力動――精神分析・発達心理学から子育て支援へ』岩崎学術出版社、2011〕

2) Bion, W. R.(1961) *Experiences in Groups*. Karnac.〔ハフシ・メッド他訳『集団の経験――ビオンの精神分析的集団論』金剛出版、2016〕

3) Bion, W. R.(1962) A theory of thinking. In *Second Thoughts*, In, Parent-Infant Psychodynamics：Wild Things, Errors and Ghosts. London：Whurr Publishers Ltd.〔木部則雄訳「思考作用についての理論」木部則雄監訳『母子臨床の精神力動』岩崎学術出版社、2011〕

4) Bion, W. R.(1970) *Attention and Interpretation*. London：Tavistock.〔福本修・平井正三訳「注意と解釈」福本修・平井正三訳『精神分析の方法Ⅱ――セブン・サーヴァンツ』法政大学出版局、2002〕

5) Britton, R.(1992) *Keeping Things in Mind. Clinical Lectures on Klein and Bion*. London：Routledge.〔小此木啓吾監訳『クラインとビオンの臨床講義』岩崎学術出版社、1999〕

6) Briton, B.(1998) *Belief and Imagination-Explorations in Psychoanalysis*. Karnac〔松木邦裕監訳『信念と想像』誠信書房、2016〕

7) Freud, S.(1940) An Outline of Psychoanalysis. *S. E. XXII*〔新宮一成監訳『精神分析概説』フロイト全集22〕

8) Klein, M.(1935) A contribution to the psychogenesis of manic-depressive states. *Int. J. Psychoanal.* 16. In The Writings of Malanie Klein, Vol. 1. London：Hogarth Press〔安岡誉訳「躁うつ状態の心因論に関する寄与」『メラニー・クライン著作集3』誠信書房、1983〕

9) Klein, M.(1940) Moruning and its relation to manic-depressive states. *Int. J. Psyshoanal.* 21. In The Writings of Melanie Klein, Vol. 1. London：Hogarth Press.〔森山研介訳「喪とその躁うつ状態との関係」『メラニー・クライン著作集3』誠信書房、1983〕

10) Klein, M.(1946) Note on some schizoid mechanisms. *Int. J. Psychonal.* 27. In The Writings of Melanie Klein, Vol. 3. London：Hogarth Press.〔狩野力八郎、渡辺明子、相田信男訳「分裂的機制についての覚書」『メラニー・クライン著作集4』誠信書房、1985〕

11) Rustin, M., Rhode, M., Dubinsky, A. & Dubinsky, H. eds1.(1997) Psychotic States in Children. London：Duckworth.〔木部則雄監訳『発達障害・被虐待児のこころの世界――精神分析による包括的理解』岩崎学術出版社、2017〕

第9章
思春期の精神分析的アセスメント

浅野　美穂子

第1節　思春期の精神分析的発達論

　思春期の若者の発達には、三つの大きな要素が複合的にからみあっている。それは思春期が、身体、心理、社会の3領域において、それぞれの発達の移行期にあるからである。身体の発達はこの時期に胎生期を除いて最も急速に進み、同時に、心理的情緒的な成熟を否応なく要求される時期でもある。またルールを守ることや言葉遣い等社会での振る舞い方を身につけることも大人から求められる。

　身体の生物学的変化は、いつ、どの身体部分に、どのような速度で生じるのかは子どもひとりひとりで異なる。しかし、一般的な時期は12歳から14歳と言われ、情緒的な成熟にかかわらず、子どもは大人の身体になる。女の子は初潮を迎え、胸が大きくなり、陰毛が生え始める。また急激に体重が増えることもある。汗をかいたり、臭ったり、身体の痛みを覚えたり、筋肉のけいれんが起きたりする。男の子は初めての夢精を経験する。男の子の場合も身体の変化は突如起こり、体重が増えたり、体毛が生えたり、ニキビができたり、声変わりを経験したりする。男の子はすっかり変わった身体を不器用に扱うだろう。こうした外的な身体的特徴に情緒的にも行動のうえでも適応しようとするプロセスが「思春期」である。

　思春期の情緒的な変化の体験とは、内的に母親と分離し、母親を喪失する過程であると言える。つまり、離乳というプロセスを通して乳幼児期に経験した母子分離——乳幼児が母親対象を手放し、内的に母親対象を確立するための苦

闘──のやり直しが思春期の発達のテーマである。しかし、乳幼児が言葉を持たないように、思春期の若者が分離と喪失の只中にいる時には、言葉を超えた体験をしているように感じられる。言葉の代わりに、うつ、身体化症状、いじめ、不登校、家庭内暴力、親との喧嘩など、そのプロセスは行動として現れることが多い。また、より健康的な行動、例えば、仲間づくり、友情、スポーツや勉強を通しての友人との競争などを通じても成し遂げられると思われる。

変化に伴う不安や葛藤をできることなら避けて通りたいと思う若者は、決して少なくないだろう。しかし、警戒しながら生活をしても、思いがけず巻き込まれてしまうことがある。できることなら現実から逃げて、仲間同士で集団となり、ゲームや非行へと没頭してしまう若者もいる。また、他の現実逃避の方法として、知的な活動そのものに頼ろうとする若者もいる。中学校に入学した若者たちは新しい責任と自由を課せられる。定期考査や友達関係のみならず、先生との関係も自らの責任で行われる。ひとりひとりの若者が異なる成長の速度や成長の仕方を持っていても、彼らはそうした決められた制度に合わせていかなくてはならない。

複雑な思春期の発達のプロセスは、おそらく、単に何かを頭で考えて答えを出すというよりも、何かを体験し、それを通して新しい考えや新しい物の見方を身に付けていくものであろう。それは新たな考えや新たな見方を得て、こころが満たされる経験でもある。マゴ・ワデルは、思春期の若者が治療の場に訪れ、自らの問題がどこにあるのか探していく作業は、多くの場合、とても混乱しているその若者がこれを契機に考え始めることを意味していると言う[5]。この場合、考えるとは、問題解決のために論理的に考えるとか、頭だけで考えるということとは全く異なるものである。むしろ、ある体験によって喚起された自分の情緒を吟味したり、自分の中に新しい情緒を発見したり、自分や両親、これまで関係した人々に対して新しい見方や考えを見出したりすることである。更に、そうした体験に伴うこころの衝撃に耐え、変化を受け入れていくことである。考えることは活き活きとした行為である。そのため考えることは思考（thought）ではなく、まさに考える行為（thinking）である[2]。私たちの役割は、思春期の若者が自分について考え始めることを支えていくことである。

第2節　思春期の若者との出会い

　思春期の若者と臨床場面で出会った時、私たちはいったい何をアセスメントするのかということがこの章の主題である。

　思春期の若者との出会いは千差万別である。多くの場合、まず初めに私たちは、外来に訪れた思春期の若者とコミュニケーションを持つこと自体に苦心するだろう。若者にとって医師は親と同類で、私たちが権威を持つ存在と見なされるのは明らかだからである。彼らと話をするためには、いかにして親転移を巧みに操作できるかを考え、ネガティブな親にならないことが重要である。誰の意思で今日来院したのかをまず確かめる必要があるが、この質問は、受診の理由を真っ先に聞くことほど直接的ではないので、若者とのコミュニケーションの接点を見出すことができるかもしれない。もちろん私たちが受容的な態度で接する必要があるのは言うまでもない。この時、親子どちらに対してか指定しない形でこの質問をすると、子どもの方は落ち着かなくなり、助けを求めるように親の方を見るかもしれない。あるいは、「何も話さなかった……。行くよって言われて……」と下を向いて恥ずかしそうに言うかもしれない。この年代の若者は普段の親の態度から自分がなぜ病院に来たのかをある程度分かっていたり、考えていたりするが、どう答えてよいか言葉が見つからないために、こうした事実だけを話してくれることが多い。来る前に受診に相当抵抗した子どもと親が深刻な葛藤関係にあり、しぶしぶ受診した子どもは、質問に答える以前に面接室で黙り込み、ふてくされた表情でいることもある。また、子どもが話し出そうとする前に、親が話し始めてしまうこともある。こうした姿を面接室で観察することは、コミュニケーションの接点をつくり出すとともに、普段の親子の姿、そして受診に至るまでの親子のやり取りをある程度イメージすることができ、私たちが親子との対話を進めていく手順を決めていく手掛かりを与えてくれる。

　アセスメントは、決して単に心理療法の適応をアセスメントする目的で行われるだけではない。患者の現在の症状、それに至る経緯、精神医学的診断、患

者を取り巻く環境、子ども時代からの両親との関わり、患者自身の心的発達の性質、我が子の治療をサポートする親の力などを評価することである。心的発達の性質とは、自我の発達のレベル、自己意識の性質、「内的対象」の性質という心的機能の主要な3領域を指す。自我発達のレベルは考える力や自分や周囲を客観的に見る力、自己意識の性質は良好な自己評価の保持、そして、「内的対象」は自分を援助してくれる対象をこころの中にイメージする力を指す[1]。

しかし、初回面接でなすべき最も重要なことは、私たちと思春期の若者と親との間で、精神分析的コミュニケーションを成り立たせることである。精神分析的コミュニケーションとは、不安や悩みを明確にすると同時に、親子と医者の双方が、今後それらの解決に向かって協力していけるかもしれないという治療への合意の萌芽を作ることである。また、コミュニケーションは単に言語的コミュニケーションだけでなく、無意識的なレベルに及ぶ非言語的コミュニケーションも含まれるだろう。

この際、私たちが自らのこころの中に、若者への共感や真剣に向き合いたいという感情を引き出せるかどうかは、今後の治療の予後を決定する重要な因子となる。逆に、私たちがそうした気持ちになれない場合は、単に私たちが患者や親の抱える苦しみを理解できていない場合もあるが、他の理由として、親が子どもの問題を否認している場合や即時解決を求めている場合、そして、私たちが彼らの不安に圧倒されてしまっている場合もあるだろう。大切なことは、私たちがそれらの理由を通じて、親子が抱える問題についてよく考えることである。

第3節　精神分析的アセスメントの視点

この章では、精神分析的視点から行われるアセスメントについて、三つの総論的視点から説明する。

一つ目は、私たち専門家が目の前の若者と親に対して何らかの、意味のある貢献ができるようなアセスメントをする力を身につけるということである。まず初めに私たちは、思春期の若者が置かれている環境、親に備わる養育の力、

学校の先生の対応や学習環境について知り、彼らが安心して暮らし、思春期の発達を進めることができる環境にいるかどうかをアセスメントしなければならない。若者の発達の程度、心理状況、精神状態を適切に診断した後には、場合によっては、親と相談したうえで、子どもの状況を学校に説明し、特別な配慮を依頼することもある。また、親が明らかに不適切な対応を取っている場合、例えば、過度な叱責や身体的虐待と思われる行為をしている場合は、じっくりと親の話を聞き、子どもの状況に即した対応ができるように話し合う必要がある。そして、アセスメントの結果について分かりやすく親に説明しなければならないことは言うまでもない。

　二つ目は、若者の心理状態を精神分析の視点で探索することである。これは書籍『こどものこころのアセスメント[4]』で強調されている。本書は、親や学校の先生が教育面で心配に思っていることや、自傷その他の暴力的な行為が起きる危険性の程度を評価する際にも、若者の心理状態を精神分析の視点で探索することを大切にしている。つまり、事実を内的世界と外的な情報の両方から得ることで、よりしっかりとした基盤で予測することができると述べられている。例えば、若者のこころの中の不安の抑圧が学習能力の発達を阻んでいるといったことや、「死にたい」と話す若者がいた場合、内面を探索することなしには自殺の危険性の程度を適切に判断することは不可能であるといったことが挙げられている[4]。

　三つ目に重要な視点は、アセスメントは単に若者の心理状況を評価し、診断するだけでなく、治療的要素も含んでいるということである。

　その最もよく知られているものとして、ウィニコットが初回面接で若者と精神分析的関わりを持ち、大きな成果を収めたことが記された『子どもの治療相談面接[6]』が挙げられる。ウィニコットの治療的態度は初回面接を行うにあたり非常に参考になる。私たちに必要なことは、若者や家族が、単に私たちに診てもらっているという感覚だけではなく、私たちと共に問題を模索し、それについて考えていくという雰囲気、問題を共有している感覚を作り出すことである。

　つまり、アセスメントの目的とは、悩み、時に傷ついている若者や親に、自分たちの問題について考え、理解していくという本来の能力を、安心できる雰囲気の中で発揮できるように手助けしていくことである。また、家族と面接を

持つことが、アセスメントを行ううえで重要な役割を果たす場合がある。

　ある高校2年生の女子は、クリニックに通う一年ほど前までは強迫的に勉強し、同時に拒食傾向にあった。しかし、どれだけ頑張っても成績が思うように伸びていかないことが分かると、勉強が手につかなくなり、家で両親と喧嘩をするようになった。父親から初診の申込みを受けた時には切迫感が伝わってきて、私は緊急時と判断し、初診の予約を早い日程で設定した。

　両親は共にエリート会社員だった。しかし、それまでとてもいい子で何の問題もない娘がすっかり変わってしまったことに途方に暮れていた。そして、初診の段階で、問題の解決方法や、今自分たちがどのように対処すればよいのかの答えを私に性急に求めた。

　私は、その後、患者と話し合う時間を重ね、患者に精神分析的心理療法を勧め、他の治療者との治療が開始された。並行して私は母親と面接を持ち、やがて父親も加わった。はじめ両親は変わり果てた娘に裏切られた気持ちになっていた。私は両親の落胆や不安を理解し、時にあきらめそうになる両親を励まし、引き続き考えることの大切さを説いた。

　両親は、次第に性急に私に回答を求めようとしていたことに気づき、母親の方は娘と向き合い始めた。父親は娘と妻に排除されていると感じているように見えたが、父親はそのことに気づいていなかった。一方、患者は母親や治療者に支えられ、自分の気持ちを見つめ始めた。おそらく私が目撃した夫婦の姿と患者がこころの中に抱く両親像、家族像は異なるものなのだろう。しかし、日常生活における若者個人の問題と、カップルである両親としての機能不全との間に複雑な関連性があることが理解されるようになった。この例は、アセスメントの例ではないが、思春期の治療にあたり、子ども個人だけではなく、両親双方との協働作業が重要だった一例である。

第4節　精神分析的アセスメントについての技法論

　本節では、精神分析的アセスメントの技法について、三つの点に分けて述べる。

一つ目は、私たちが初めて患者と出会う際に用いる最も基本的な技法として、『こどものこころのアセスメント』[4])の中で記されているように、緻密で詳細な観察による臨床的理解が必要だということである。私たちは、まず初めに、患者が治療の設定をどのように使うかを観察しなければならない。

　治療の設定は、待合室や面接室、文具やクッションなど面接室に置かれてある物も含まれる。私たちは、患者の行動を観察し、背後にある治療者との関係性を考える。患者は、自分の身体をどうやって落ち着かせるのか、何を見ているのか、治療者の言葉にどう答えるのか、初めての場所での落ち着かない感じや不快感、興奮、安堵、緊張などの自分のこころと身体の反応を抑制する手段はどのような特質を示しているのか、といったことである。

　周知の通り、「乳幼児観察」という訓練は、乳幼児の情緒と行動、養育者との間の相互交流を詳細に観察する訓練である。文字通りありのままを観察し、判断や意味の特定をできるだけ避ける。このような治療者の観察する能力は、アセスメント面接に役立つ有用な情報を収集するうえで、また治療者ができる限り偏見のないこころを維持するうえでも非常に価値がある。エックス線などで患者のこころを透視するすべのない私たちは、多くの観察内容を心の中に記録するという熟達した能力を求められる。それによって最終的には、観察の中に映し出される行動のパターンや意味を見出すことができる。

　その例として、ある患者との初回面接を紹介する。患者は、母親が家族内に起きた悲痛なトラウマを治療者に語っていたまさにその時、母親の隣でバウムテストを懸命に描いていた。私は、その様子を観察し、また母親から語られたことを手掛かりとして、バウムテストの絵の意味を理解し患者に伝えることができた。そして、患者の問題について患者と話し合うことができた。また、あるケースの局面では、患者は、私に「先生は自分のことを全く理解していない」と皮肉っぽい口調で言い、私を責めた。しかしその後、ふいに患者は自分の隣に置いてあったクッションを取り出し、胸に抱えたのだった。私はその様子を観察し、患者に向かって「私にすごく怒っているけれども、同時に自分のことを分かってほしいという柔らかな気持ちももっているみたいね」と伝えることができた。患者はそれを認め、自分の気持ちを私に理解されたことが分かったようだった。これらは一例に過ぎないが、患者への細かい観察を通して、

一見して意味がないと見なされる行動の裏にある患者の気持ちに注目していく方法は、非常に重要だと思われる。

　二つ目として、臨床の設定が持つ特徴について述べる。臨床の設定はシンプルで一定でなければならないと言われている。その理由は二つある。一つ目は、一定の設定の中でこそ患者の反応が観察され収集されうるためである。それは、患者の了解のもとで開始されたアセスメント面接の回数や決められた時間の中で、面接の開始と終了への患者の反応を知るために重要な要因となる。二つ目は、治療者と患者の双方に守られた空間を与えるという必要性からである。治療者は、物理的に保護された空間と時間があるからこそ、面接の中で生じる感情的な衝撃を受け止め、理解することができる。探索的なアセスメントでは、患者は時にこれまで気づかなかった自分の感情や考えに気づくことがあるが、それは患者と治療者の双方に強い不安を与えることがある。そのため、アセスメントの設定は、そうした不安に耐えうるものでなければならない。これらの技法を用いて、私たちが受容的態度で鋭い観察力をもって若者の話を聞くとき、若者は自らの基本的な世界観、自分や他の人びとに抱いている強い気持ち、普段はあまり意識に上らない考えや感情を私たちに話してくれるだろう。その時、私たちは、彼らがどのような期待や確信を治療者に向けるのか、吟味しなければならない。また、患者の応答に対する治療者の応答も吟味されなくてはならない。これは「逆転移」と言われる治療者の感情である。患者の話を聞く態度の中で、治療者の個人的な感情は脇に置いておく必要がある。しかしながら、患者が治療者に与える衝撃により、治療者の中に喚起される感情もある。それらの感情を個人的な感情と丁寧に仕分けながら、十分に考える必要がある。なぜなら、患者の心理状態を知る重要な手がかりとなるためである。喚起される感情の背景には、ビオンの言う、コミュニケーションとしての投影同一化の微妙な力が働いていると思われる[1]。

　三つ目の視点は、患者がこころの中で、治療者との間で親しい、深い関係を持つことを通して、自らの問題を考えていくことに同意しているかどうかの検討である。それは、幼児期からの親子関係の中で形成された内的対象を反映するものである。そして、それは、心理療法を目的としたアセスメントを進める中で、この時間が患者にとってどのような意味を持ち、どのような衝撃を与え

るかを検討することで明らかになる。例えば、目に見えている事柄と患者が気づいていない目に見えていない事柄の関連性を指摘された時、患者は援助されていると感じるのか、その意図を理解することができるか、患者が自らのこころに関心を持っているように見えるのか、こころの深いレベルで、患者は他の人が自分に関心を持っていると感じることができるのか、治療者の解釈によって、更にコミュニケーションを深めていけるのか、より防衛的になり黙ってしまうのか、あるいは背を向けてしまうのかといったような様々な行動に示される。私たちはこうした患者の反応にオープンになり、深いところで理解できるようにならなければならない。そうして初めて、私たちはまだ若い患者から治療への同意を得ることができる。『こどものこころのアセスメント』[4]の中では、そのことを「情緒的な親密性への同意」と名付けている。心理療法を開始し、私たちが患者に治療的影響力を与えられるかどうかを判断するために重要なことは、患者のこころの中に治療者と真に共感し合いたいという願望を見つけられるかどうかである。

第5節　思春期における精神分析的アセスメントの一例

　私はここで、思春期のアセスメントの具体例について症例P（男性）を通して述べる。
　Pは、物心ついた時から父親より身体的な暴力を受けていた。そして、前思春期に母親と他のきょうだいと家を出て、別居という形で父親と別れて住み始めた。この頃より数年にわたり、公的機関で心理療法を受けていた。しかし、中学入学後に同級生から殴る蹴るといういじめを受け、それをきっかけにして不登校になった。不登校になった数ヶ月後、母親とともに医療機関を受診し、初診で「男性全てが父親のように見えて怖い」と初診の男性医師に自分の気持ちを初めて告白した。初診の医師は、男性恐怖と父親との関連性を指摘した。Pは自分のことを理解されたと感じ、主治医を信頼し、継続して通院するようになったが、通院以外は家に引きこもり、公的機関による心理療法にも行かず、ゲームをめぐって母親と口論になると、物を壊したり、年下のきょうだいに暴

力を振るった。その後、1年以上外出ができず、家庭での暴力が続いたため、Pは、主治医に改めて心理療法を勧められ、私はアセスメントを担当することになった。ところが初回面接の数日前、Pは、ゲーム機を使わせてくれない母親に腹を立てて、包丁を持ち出したため、警察が呼ばれ、公的機関に保護されることになった。そのためPは初回面接に来ることができず、代わりに母親が受診した。

　母親は、落ち着いた雰囲気を持ち、屈託のない笑顔を見せる人であったが、疲れている印象もあった。服装はジーパンにセーター姿で飾りけがなかった。よく日焼けした素肌と洗いっぱなしのような髪が印象的で、年齢より老けて見えた。母親は、Pの一連の問題行動や家庭環境を話した後、「Pは嘘をついたり、盗み癖もあったり、こだわりも強いために、発達障害ないしは統合失調症ではないか」と医学的診断についても心配をしていた。また母親は、「Pが暴れると手に負えないので、これまでも耐えられずに何度か下の子ども達を連れて家を出ることもあった」と話した。私は、母親がPを育てるうえでよりしっかりとしたサポートを必要としていることを、共感を持って聞いた。同時に、母親との面談から、Pが家でかつての父親のように振る舞っており、またPが暴力を振るい出すと、避難するために下の子ども達を連れて数日間家を出るという母親の行為は、かつての夫に与えた仕打ちのようなものをPに与えているように感じられた。つまり、Pが父親のように振る舞っているだけでなく、母親もPを暴力を振るう手に負えない夫として扱ってしまっているところもあるのではないかと感じた。したがって、Pのみならず、家族全体が父親からトラウマを被り、その痛みや様々な感情をいまだ十分に受け止められないでいることが推測された。

　3週間後、公的機関による保護が解除された。Pは、その数日後、ひとりで初回アセスメントに現れた。Pの姿は寂しげで、途方に暮れてぼんやりとした表情をしていたが、警戒心が強く緊張していた。そして、不健康に肌が白く、太っており、なぜだか私には、Pが思春期の男子というよりも、"おばさん"に見えた。初回面接が始まると、Pは「これからどの方向を向いているのか、分からない」と不安そうに述べた。私はPの不安が最もなことや、これからここで、Pが抱えている問題や悩みを相談していきたいことを伝えた。頷くPに、

保護された理由やそれまでの生活について尋ねると、Ｐは一つ一つ的確に答えた。おそらくＰは、保護されていた間に指導員との間で面接を何度も受けて、自分の気持ちに整理をつけようとしていたものと私は想像した。私は、Ｐの言語的表現力、理解力は十分にあると判断した。むしろ私は、礼儀正しく真面目なＰが、家族に暴力を振るい保護されたことを想像することが難しかった。Ｐはしょんぼりとして当時の暴力の様子を語り、続けて、「母親も言っていたけど、自分は父親の所有物のように感じる」とうなだれた様子で語った。Ｐは父親の話をすると混乱し始め、Ｐの語りも自分のことなのか父親のことなのか判別がつかなくなった。そこには、どこかＰが自分と父親の区別ができていないことが現れていた。Ｐは、学校に行っていない自分が母親にもよく思われていないこと、また「人から受け入れられていない。人を信用できない。人にどうしても気を許せない」と１年もの間引きこもっていた心中を語った。私はＰが父親のようになって家で振る舞っていたようだと伝えると、Ｐは大きく頷いた。Ｐの表情には罪悪感や強い後悔が表われていた。

　以下に、初回面接から得られた情報に基づき、Ｐのアセスメントについて述べる。Ｐは、思春期の発達が始まる頃、同級生にいじめられ、暴力を受けた。おそらく、これは、Ｐが思春期の身体や内的な変化に伴う不安や葛藤を家庭の中で十分に抱えられず、学校での問題に発展させてしまったものと思われる。特に、Ｐのこころにある父親の暴力の問題は、外部の人に手渡され、Ｐは男性恐怖に陥った。Ｐの生活環境は、父親の暴力はないが、シングルマザーとして子ども達を育てている母親への社会的なサポートは十分ではなく、恵まれているとはいえない。これは、Ｐがいじめの対象になってしまった理由かもしれない。また、家庭の中でＰが父親のように振る舞ってしまっていた状況から、父親から受けたトラウマを家族全員が解決できていないことが推測された。こうした状況から、Ｐの思春期の発達は滞っていたと思われる。おそらく、発達に伴う不安や葛藤を避ける目的もあり、Ｐはゲームに没頭し、自分について考える代わりに、物を壊したり、家族に暴力を振るったりして自らの衝動や苛立ちを発散させていたのかもしれない。Ｐの思考は明瞭で、言語的表現、理解力は確かであり、精神医学的にも統合失調症を発症していたり、発達障害があったりするわけではない。しかし、Ｐは、「自分は父の所有物のように感じる」「学

校に行っていない自分は母親にもよく思われていない」と話していることから、傷ついた自己像や低い自己評価を持つ。更に「人を信用できない」とPの内的対象はPを支える力を持っていない。むしろ、暴力を振るう父親がPのこころの中に入り込んでしまったかのように、Pは自分と父親をはっきりと区別できない。しかし、Pは保護された機関で指導員に面談を受けたり、アセスメントのためにひとりで来院したりして、自分の問題を話すことができた。そこに、自分を援助してくれる人を探し求めているPの健康的な部分が表われていると感じた。私は、以上のアセスメントの結果をPと母親に伝え、Pとの精神分析的心理療法を開始した。

第6節　おわりに

『こどものこころのアセスメント』[4]の中で紹介されているロンドンのタビストック・クリニックの思春期部門における「アセスメント」と呼ばれるものは、原則初回面接において、精神分析的心理療法によって支援を得られるであろうという決定が下され、家庭医から紹介された後に実施されるものとして記述されている。それが可能な理由の背景には、イギリスには、日本の精神科の管理医に相当する、患者や患者の家族の健康状態を把握し、その責任を担う家庭医の存在がある。日本ではこうした家庭医制度はまだ確立されていないが、本書の中で記されている精神分析的アセスメントは我が国の一般診療においても重要な指針となりうるものである。[4]

文献

1) Bion, W. R. (1962a) *Learning from Experience*, London：Heinemann.〔福本修訳「経験から学ぶこと」『精神分析の方法Ⅰ——セブン・サーヴァンツ』法政大学出版局, 1999〕
2) Bion, W. R. (1962b) A Theory of Thinking. *International Journal of Psychoanalysis*. 43：306-310. In *Melanie Klein Today*, Vol 2. London：The Institute of Psychoanalysis.〔木部則雄監訳「思考作用についての理解」『母子臨床の精神力動——精神分析・発達心理学か

ら子育て支援へ』岩崎学術出版社、2011〕

3 ）Lemma, A.（2016）*Introduction to the Practice of Psychoanalytic Psychotherapy*. Oxford：John Wiley & Son Ltd.

4 ）Rustin, M. & Quagliata, E.（2000）*Assessment in Child Psychotherapy*. London：Duckworth〔木部則雄監訳『こどものこころのアセスメント――乳幼児から思春期の精神分析アプローチ』岩崎学術出版社、2007〕

5 ）Waddell, M.（2000）*Assessment in Child Psychotherapy*. London：Duckworth〔木部則雄監訳「思春期のアセスメント――考える空間を探して」『こどものこころのアセスメント――乳幼児から思春期の精神分析アプローチ』岩崎学術出版社、2007〕

6 ）Winnicott, D. W.（1971）*Therapeutic Consultations in Child Psychiatry*. London：Hogarth Press.〔橋本雅雄、大矢泰士監訳『新版　子どもの治療相談面接』岩崎学術出版社、2011〕

第10章
思春期の治療プロセス

浅野　美穂子

第1節　思春期の治療プロセス

『思春期を生きぬく[1)]』の序論において、著者のロビン・アンダーソンとアンナ・ダーティントンは「思春期の心的作業は、フロイトが『喪とメランコリー』で述べた悲哀（喪）の作業に比することができる」と言った。ここで述べられている思春期の若者が失ったと感じ、喪の作業を行う必要性を感じるものとはなんであろうか。それは子ども時代ではないかと思われる。なぜなら、私たちは、臨床の中で、思春期の若者たちが、様々な形で自らの子ども時代の喪失の痛みに苦悩する姿に出会うからである。

中学2年生の男子は、幼稚園から続けていたクラッシックバレエを小学校6年生の時に止めて以来、母親との喧嘩が絶えず、無気力な状態に陥っていた。男性の身体になり肉付きも良くなった患者は、自分の顔も体も母親や姉のように美しくないことや、バレエも辞めてしまった自分が何もしていなくて親に申し訳なく思っていることを外来で吐露した。その後に、「幼稚園生に戻りたい！」と叫んだ。この患者の叫びには、バレリーナとして輝やいていた子ども時代を喪失した苦痛が込められているように感じられた。また、別の中学3年生の男子は、中学入学後、学校での虐めをきっかけに不登校になり、家庭内暴力を繰り返した。患者は、男性への恐怖心を語ったが、それは幼少期から暴力を振るわれていた父親への恐怖だった。患者は、無意識の中で高まる怒りに圧倒され、父親の暴力と結びついた自己の怒りのイメージを外界に投影し、男性恐怖を発展させたものと思われた。また、このふたりの患者は、たとえ身体の

発達が進んでいても、心理的には男性としてのアイデンティティを確立していくことの難しさにも直面していただろう。

このように身体的、心理的、社会的な発達が複雑に絡みあう思春期において、もっとも原初的な世界が再び若者たちの意識の近くにのぼってくるようである。それは、乳幼児期のもっとも原始的な衝動と情緒、そして親との経験を基盤として構築された人のこころの世界である。

クライン[2]は、第二次性徴に伴う性的な衝動の高まりは、現実の母親からの分離を促進すると言及した。なぜなら、性的な衝動の高まりは、同時に破壊的な衝動をも強めるためである。そして、その自らの破壊的な衝動が、愛の対象である母親を破壊してしまう危険や、失ってしまう恐怖心や不安を若者のこころに引き起こすためである。実際には、思春期の若者たちは、そうしたことがこころの中で起こっていることを知らない。しかし、外来では、それまで従順だった子どもが急に気難しくなってしまった、反抗するようになった、全く言うことを聞かなくなってしまったと悩む母親の声を聞くことが多い。若者の方も、親を煙たく感じる、過干渉だと感じるようになったと話すことがよくある。こうした親も子も混乱する事態の背景には、子どもの側のこころの中では、高まる破壊的衝動から愛の対象である母親を遠ざけて守っておこうとする力が働いているのかもしれない。

メルツァー[4]は、知の問題や知の混乱という観点から青年期を論じている。これは、クラインが性の衝動と破壊衝動の観点から思春期を論じたことと対照的である。メルツァーによると、子ども時代には万能的な存在であった両親に対する幻滅が青年期を開始させる。幻滅は知の混乱の他、自他の区別の混乱、大人と子どもの混乱、性の混乱を引き起こす。先に述べた一例目の男子の場合、輝かしい子ども時代は、万能者という親に同一化した世界だろう。母親や姉のように美しくなりたいと願う彼は、性の混乱をきたしている。また、二例目の男子は、攻撃的な衝動を扱えず、怒りを外部に投影したり、暴力的な父親に同一化して家庭内暴力を起こしている。それは、自他の区別の混乱とみなすことができる。若者は、思春期の課題として、この混乱から抜け出るために、万能的な親の喪失に伴う抑うつ不安やこころの痛みに持ちこたえなければならない。それは何年もかかる大仕事だと理解する必要がある。若者は同時に、変化しつ

つある自分と自分の身体との間で、また自分と外的対象としての親だけでなく、内的対象というこころの中の親との間の様々な側面において、新しい関係性を構築していかなければならない。

　青年期の若者は混乱から逃避するために万能性と否認を行使する。また、その逃避は、メルツァーが称した四つのコミュニティ（大人のコミュニティ、子どものコミュニティ、青年のコミュニティ、孤立した青年）を流動的に行き来する青年の姿にみることができる。また、若者のこころの中では喪失に対する様々な防衛が展開するだろう。若者は盗みや非行、薬物乱用や性的逸脱行為などの自己破壊行動を通して躁的防衛に訴えることもあるだろう。あるいは、情緒や衝動、葛藤を意識化したり解放したりする代わりに、それらを理論的、概念的に捉え、知性化したりすることもあるだろう。また、子どもの頃に作り上げた偽りの自己や偽成熟といった病的な性格構造によって、思春期の葛藤を迂回することもあるだろう。

　これらの葛藤を受け止めるだけの資質とこころの強さを備えた若者は、学校の先生や仲間同士のグループの中に愛情や憎しみを向ける代替の対象を見出すようになる。そして、現実的な関わりの中で破壊的な衝動を緩和する機会を持ち、それによって新たによい対象を取り入れ、こころに内在化することができるようになる。そうしたプロセスの中で再び恒常的で安定した対象を確立していくのである。思春期の治療のプロセスもまた、無意識の葛藤的感情を治療者という外的対象との関係を通して検証し、克服していく試みと言える。

　私は、成人のスキゾイド・パーソナリティの女性Qとの治療を通して、思春期の発達課題が成人期までもちこされた患者について、考えたいと思う。そして、一見職場の人間関係の問題や抑うつの問題として扱われる成人患者の治療でも、多くの場合、前面に思春期の課題が浮上すること、そして、治療では思春期の課題を取り扱う必要があることを示したいと思う。

第2節　症例Q

　初診時40代前半　独身女性

〔主訴〕パニック、不安、抑うつ

〔現病歴〕X−6年、Qは30代半ばに専門職を得て、今の居住地に移住した。その数年後、Qは男性上司Rから仕事についての干渉や非難を受け、抑うつ的になった。そのためX−3年、S病院の精神科に相談に行き、約2年間T医師による精神療法を受けたが、この治療からも徐々に遠ざかる形で終了した。X年Y月、再びRより仕事に干渉するメールを受け取った後にパニックになり、S病院に相談したところ、精神療法を目的に私を紹介された。

〔生育歴〕Qの両親は郷里のある遠方に住んでいる。またQには2歳年下の弟がいる。弟は、結婚し子どもがいる。父親は転勤族で、Qは高校を卒業するまで各地を転々とした。引っ越した後には、遠く離れた友人と文通し、弟と一緒に作った絵日記を送った。またQは子どもの頃から文学が好きで、自分でも物語を作り、それを母親が喜んだと言う。そうした趣味は母親の影響を強く受けており、母親はQに対して侵入的で支配的な人のようだった。親しい女友達は数名しかいなかった。結婚の話に進んだボーイフレンドはいたが、表面的な関わりに留まり性関係を持ったことはなかった。

1　アセスメント面接

初回面接に来たQは、外国製のような上等な服装で身を包んだ、細身で長身の女性だった。Qは、受診に至る経緯として、上司Rに批判され仕事の妨害を受けていたことをうつむいたまま話し始めた。Qは、Rの言うことに従って大人しくしていたのに、批判され、怒られて、Rが怖いと話した。また「つい先日間違ったふりをしてRに仕返しをした」と話す様子から、私はQがRを怖がっているだけでなく、怒ってもいると感じた。そのため、それをQに伝えてみた。Qは驚いた様子だったが、「昔から人に言いたいことが言えず、後で陰で物や弟にぶつけていた」と答え、同意した様子だった。続けて、Qは時間をかけて母親のことを話し、娘の仕事しか評価しない母親について、けなした。しかし、Q自身も自分の中には仕事しか価値あるものがないと感じているようで、虚しさが漂った。Qは不安をかき消すように終始早口で話したが、これは今後しばらく続くQの特徴だった。私は、Qは現実的に上司Rとの間に問題を抱えていたが、その背景には母親との間に未整理の問題を抱えているのではな

いかと感じた。私はアセスメント面接としてこれから3回お会いしましょうと伝え、Qは同意した。その後の面接では、Qがボーイフレンドに対しても母親にけなされるとすぐに関心を失ってしまうなど、自分の考えを持ち、自分で判断することができないことが明らかになった。Qは、R同様に母親にも言いなりになって生きてきて、今ではそのふたりに怒っており、人の言いなりになる人生を止めたいと話した。しかし、「どう生きればよいか分からない」とQは途方に暮れていた。私は、QがRや母親に怒りのみならず頼りたい気持ちも抱えていて、その葛藤的状況にあると思うと伝えた。Qはそれを聞いて少し考えている様子だった。第4回、Qは「やっぱり一人が楽」と言って、以下の夢を報告した。夢①《寮生活をしている。家を買ったのにどうしてだろうと思っている。自分の家なのに粗末なところ》。Qは〈寮生活〉について、寮母さんに綺麗な医学生と比較され、Qにはボーイフレンドがいないと言われるなど私生活について口出しされたことを連想した。また〈家〉や〈粗末なところ〉については、幼少期に各地を転々とした時には馬屋を改装したような家に住み、寄生生活のようだったことや、原爆ドーム、母親の実家の古い家などを連想した。私は、Qの連想から伝わってきたもの、つまり、寮母や母親との関係のようにプライベートがなく、監視されるような不安を私に抱いていることや、母親の素性や汚い部分、荒廃した世界を治療の中で考えていくという、Qの治療へのイメージについて伝えた。Qはそれに同意した後、週1回50分対面法、自由診療による精神分析的精神療法を開始した。

　〔アセスメント所見〕　Qは子どもの頃から文学の世界に没頭した。また、自らも物語を作り、それを母親が喜んでくれたと言うQは、ファンタジーの世界を介して母親との関係を維持していたと考えられる。Qは、物語の世界にとらわれ、拘り、あたかもそこにリアリティーがあるかのように感じ、スキゾイト的に情緒的な関わりを知的に防衛してきたと思われる。Qは実際には、従順な態度の裏で母親に激しい怒りを抱いている。そして、その怒りは、夢に表われているように原爆投下ほどの威力を持ち、Qに不安や恐怖心を与えるものと思われた。そのため、Qは母親への葛藤的な感情を整理できず、閉所恐怖の不安に陥っていると考えられた。自分の考えを持てず、母親の世界に寄生生活しているかのようなQは、分離を否認したまま、知性化によって思春期の自立を回

避した。しかし、Rによる批判や婦人科疾患の手術によって現実に直面した。Qは、この二つのエピソードによって自分の感情に触れ、抑うつ的になり受診に至ったものと考える。本来であれば、Qが直面した問題は思春期に出会うテーマであると考える。

第3節　治療経過

1　Ⅰ期：陰性の母親転移が展開した時期

　治療が始まるとQは、「治療について納得していない。Rが治療を受けるべきで、これでは自分が悪いと言われている。Rを訴えたい」「先生を人格のある人と思いたくない。壁に向かって話すような感じがいい」（第5回）と話し、自分が治療を受けることに強い抵抗を示した。また、自宅で自己更生を試みたことが毎回報告された。それは私との関わりを避けたいメッセージのように感じられた。治療が始まり半年になる頃の第21回、Qは治療を受けることへのジレンマを以下の夢を通して表現した。夢②《集団生活をしている。料理をどうやってしよう。冷蔵庫の中の野菜のブロッコリー腐っているから、捨てなきゃあね。その時下宿のおばさんが出てきて再会する》。Qは〈下宿のおばさん〉に対して「大学時代の母親代わり」と連想し、そのおばさんが自分を皇室の紀子様と比較し、それはあたかも自分が劣っていると言われているようだったこと、留学先の寮で猫をかわいがるシスターたちが狂っているように見えたことを嫌そうに話した。〈捨てる〉に対しては「母が物を捨てる人で、捨てられたくないものまで捨ててしまった。たくさん服を捨てられ、下着まで持って行かれた」と怒りながら話すと、「自分もこの間洋服を整理してリサイクルに出したが、その時母に買ってもらったスーツが捨てられなかった」と言って、しんみりとした。そして〈集団生活〉には「下宿生活や寮生活が長く懐かしいけれど、しんどかった。初めてひとり暮らしをした時自由になった気分だった。寮のトイレは汚くドアがなかったりした」と話した。Qの連想内容には、Qに劣等感を植えつけたり、勝手に洋服を捨てたり、猫かわいがりしたり、ドアがなく境界のないQと母親の関係が表われていた。また、母親から自立すること

へのジレンマが〈捨てる〉ことに象徴的に表現されていると思われた。またこれはQの治療を受けることに対するジレンマでもあった。私は〈母との思い出のスーツが捨てられない。でも掃除しなくてはいけないジレンマがある〉と伝えた。Qは頷き、「掃除、そういうことが嫌い」と言った後、「今は母にされたことに対し許せないと思う。これまでずっと母に"かじ取り"をしてもらってきたから。それに気づくのが遅かった。40過ぎて失ったものは大きい」と話した。〈どうして気づくのが遅かったと思う？〉と尋ねると、Qは「居心地がよかったんだと思う」とあきらめたように答えた。翌々回の第23回、Qは「親戚からひとりでは食べきれないほどの大量の食べ物を受け取ったが、入れる場所もなく負担に思っている。親戚の行為に不快感がある」と話した。Qは話し続け、その内容がどんどん膨らんでいったため、私は思わず〈ちょっと待って〉と一声入れた。すると、Qは顔色を変え「私、馬鹿だから。私が悪いんです」と言って泣き出した。そして「もう止めます。だから、私は人と面接できない。無理だと思った。いろいろな感情が湧いてきてしまう。先生に申し訳ない」と言って、立ち上がり面接室を出て行こうとした。私はQの反応に驚きつつも、〈ここで泣いたり怒ったりしてはいけないと思っているの？〉と尋ねた。Qは出ていくのを止めて、座り直し「先生は親戚からの贈り物を感謝しない私が悪いと思っている」とやはり泣きながら私に抗議した。しかしQはその後、面接終了まで部屋にいることができた。面接後、私はQを怒らせた理由を必死に考えようとしたが、次第にこうやってQは母親に怒られていたのかもしれないと思うようになった。つまりこの時Qのコンプレックスや責められる苦しさが私に投影され、さらに、私の介入は、Qを叱る母親とのトラウマ体験の再現になってしまったと思われた。しかし、結果的に今回Qは、私に抗議できたことになる。こうした抗議は思春期の反抗に類するものと思われる。

　この面接以降、治療に対するQの抵抗感が減弱し、Qはこれまで自分が体験してきたことをしみじみと語り出した。それらの経験は、初恋の男性に対する憧れや想いを絶対に相手に見せないようにしていたことやそれが分かったら拒絶されると信じ込んでいたこと、父親とふたりきりで過ごした楽しい時間が長く続かないと思っていたことなどである。そして、自信を持っていた仕事をRに否定されて深く傷ついたことや、これまで仕事の出来栄えだけでなく、両親

への気遣いや世話に大きな犠牲を払ってきたことが語られた。そして、その行為と無意識に感じていた母親への罪悪感とが関係していたのかもしれないと気付くと、次第に仕事の意欲を取り戻した。Qは、私に怒りをぶつけたことによりある意味自立の一歩を踏み出した。その結果、男性と付き合うようになり、初めて性体験を持ったことが報告された。この頃、職場の部署をQとRで二分するという計画が浮上し、その提案をQは受け入れた。

2　Ⅱ期：アンビバレンツな母親転移が展開した時期

　職場分離に向けて動き出すと、Rに対する様々な気持ちが語られた。職場分離の作業は困難を極め、こころの痛みを伴うものとして語られた。例えばQは、深夜に泥酔したりした。私はそうしたQの話を聞きながら、こころの痛みを伴うRからの分離は、Qにとって母親からの分離も意味するのだろうと思っていた。「また泥酔してしまった」と困った様子で話をするQに私は〈自分のこころの痛みを麻痺させようとしているみたいだ〉と伝えた。するとQは言いにくそうに、弟のお嫁さんへの嫉妬心や自分が子どもの頃に不当に母親に叩かれ怒鳴られていた時の悔しさを語った。一方、共通の好みを持ち、自分の良さを誉めてくれた母親の側面も語られ、アンビバレンツな母親のイメージが明確になった。Qが次第に治療に頼り始めていることも感じられ、現実生活でも知人の勧めでお見合いをするなど更に変化が表われた。そして、面接の後や治療の間隔が開いた時にQは、自分のこころの中の不安や強い孤独感に直面し、そのことによって母親と分離していくテーマに向き合い始めた。

　面接が休みだった週の直後の第47回、Qは、外食に出かけた時に香水のにおいが強過ぎてお店の入店を断られたことをひどく気にしてパニックになり、占いや電話カウンセリング、S病院など方々へ連絡し、話を聞いてもらったことを詳しく話した。その後、弟のお嫁さんに気を遣う母親を疎ましいと思ったことを思い出して、お店で断られたことをひどく気にしたのは自分が除け者にされた気持ちになったからかもしれないと話した。私は〈除け者にされた気持ちは、治療が休みだったから強く感じたのかもしれない〉と伝えた。するとQは同意し、休み中に子ども連れを見て羨ましいと思ったことや実家に帰りたいと思う気持ちがあったことをしんみりとした気分で語った。続く第48回、以

下の夢を報告した。夢③《友人がクレルモン・フェランに住んでいる。そこに友人のお母さんが車で送ってくれる。地図があるが、抽象画みたい。道がない。道がなくなっているのかな。山は目の前に見えている》。Qは、〈友人の住む国〉や〈クレルモン・フェラン〉について「自分の根幹というか、自分の一部ですね」と答えた。そして〈クレルモン・フェラン〉については、高い山でボルビックという水が取れる山だと説明した。〈友人〉については、「子供がいるけど、離婚して今パートナーがいる。彼女はもともと人に話させて踏み込ませない人だったが、自分の離婚の時にはしみじみと自分の話をした」と少し寂しそうに話した。〈地図〉については、枝、内臓、ミイラ、干し首、朝鮮人参などと答えた。〈道がない〉については、「地図のミスか。なんとかなるんじゃないか」と答えた。そして「空に小さい山が描かれている。母が山は縁起がいいって言っていた」と話すと、友人について語り、「やはり母親との問題を持った子だった。今は田舎住まいだがすごく豊かな食材の取れるところに住んでいる。クリスマスカードも不精な子で出さないが、なぜか関係がずっと続いている」と語った。私は、連想内容が今ここでの治療や私との関係を表現していると思い、〈地図を手に山をめざして車で送ってもらうのは、ここの治療を表現しているのかもしれない。地図は医学の解剖書か母の体の中で、それを片手に行くがQは道がないと思っている。私がどこかその友人とも重なっていて、この友人ほどちゃんと経験して本当に自分の事情や大変さを分かってくれる人か考えている〉と伝えた。Qは「ああ。治療の夢ですか。今朝気分がよかったのは、治療で話してまた吐きだせると思ったからかもしれないですね」と落ち着いて答えた。そして、飼っている猫が吐いたものを掃除していたら猫が自らに甘えてきたことや、少し自分が変わってきているように感じていることを語った。この夢は、Qがよい対象として治療者を自分のこころの中に内在化しようとしていることを表しているように感じられた。また同時に、Qは無意識に医者に対する脱価値化も行っていると思われる。それは、治療者である母親の脱価値化である。これは思春期のテーマである自立を具体的に示している。

3　Ⅲ期：別れのエピソードが語られた時期

その後、Qは見合い相手Uとどのように関係を深めていけばよいか、試行錯

誤した。そしてその相談にのる私とQの関係が親密になっていった。Qの孤独感が非常に深刻であることも伝わってきた。Qはそうした孤独感を自覚するとともに現実的に人と関わろうと努力していた。長期出張から帰宅したQは、出張先で友人宅に招かれた時に得意の料理を振る舞ったことや、その時大勢の人に喜ばれて、心から嬉しかったことを語った。第65回Qは、この時友人と別れる際の体験を「今回、友人が電車出るまで見送ってくれた。顔が見えなくなるまでずっと手を振ってくれた。彼女が私のことを大事だと思ってくれていて、私のことで離れていて寂しいと感じてくれているように感じた」と語った。私はQの語りを聞いて、Qが人と深く関わることに伴う別れや孤独感をQなりに消化しようとしていると感じた。そして、私との別れを常に意識しているようにも感じた。

　年末の休みがさしかかる頃の第72回、Qは私に治療の終結のイメージを執拗に尋ねた。私は、Qの質問について近づく連休とその後の年末による面接の休みに結びつけて話し合おうとしたが、Qは、先生は話をすり変えているような気がすると言い、取り合わなかった。そして「この治療がないとやっていけなくなるような気がして心配」「自分は何にも変わっていない、立派な人間になれると思ってやってきたけど、ただありのままの自分を知り、受け入れていくだけの治療なら虚しい」と治療への気持ちを語った。私は、親が子どもの自立の際に感じるように、その言葉を聞いて寂しさを感じたが、あえてQにこれまでの治療の成果を伝えた。Qは「やはり何か不安なのかもしれない」と答えた。しかし翌回の第73回、Qはやはり治療を終わりたいと話した。そして、「自分がこれまで傷つくのが怖くて開けられなかった弟のお嫁さんからのプレゼントをここで開けて、この治療を終わりたい」と話した。私はそのプレゼントをQと見ることにした。プレゼントを見た後、Qは平然を装っていながら、「辛い気持ちを持っているのが嫌なら捨ててしまえばいいんだ。先生捨ててもいいですか。ここで捨てて欲しい」と怒りながら話した。私は〈捨てるかどうかQが決めればいい。Qが捨てたいと思えば捨ててもいいと思うよ〉と答えた。Qは「分かりました。じゃあ捨てます」と答えた。面接が終わると、Qは勢いよく部屋から出て行った。その後、お金を払うのをすっかり忘れていたと電話があり、後日分析料と治療のお礼が書かれた手紙が届いた。

Qは夢①が示すように、分離が否認された、母親の世界での寄生生活をしていた。Qはこの寄生生活を続けている限り、居心地がよく、孤独ではなく、自分で何も決める必要がなかった。ただし、この生活は、Qが自分の家を持ち、大人として成長していくことを阻んでいた。Qは、治療経過の中で治療者に抗議したり、治療者の不在時に孤独感や不安を味わったり、様々な経験をし、この寄生生活から抜け出し始めた。またそれは、Qにとって自身の中の深い孤独感やこころの痛みにさらされる経験であった。しかしQはこうした感情を次第に受け入れられるようになった。Qは治療者という母親に依存する経験や脱価値化、グループの形成、更に異性を求めるという思春期の自立のテーマをひとつひとつ歩み、治療者という母親から分離、独立していったと思われる。そして、こうした思春期のテーマは、若者のみならず、思春期の自立のテーマを歩みそこなった大人にとって普遍的なテーマであると思われる。

文献

1) Anderson, R. & Dartington, A. (1998) *Facing It Out : Perspectives on Adolescent Disturbance : Disruptive Adolecents from a Clinical Perspective*. Gerald Duckworth & Co.Ltd., London, 1998〔鈴木龍監訳、李振雨、田中理香訳『思春期を生きぬく——タヴィストック・クリニックの思春期臨床論』岩崎学術出版社、2000〕

2) Klein, M. (1937) : Love, Guilt and Reparation : The Writings of Melanie Klein, Vol. 3. *Love, Guilt and Reparation and Other Works 1921-1945*. London : Hogarth Press. 1975〔「愛、罪そして償い」西園昌久、牛島定信責任編訳『メラニー・クライン著作集3　愛、罪そして償い』誠信書房、1983〕

3) Meltzer, D. (1966) The relation of anal masturbation to projective identification : *Melanie Klein Today*, Volume1 : Mainly Theory : Developments in Theory and Practice. London : Routledge, 1988 (「肛門マスターベーションの投影同一化との関係」松木邦裕監訳『メラニー・クライン　トゥデイ①』岩崎学術出版社、1993)

4) Meltzer, D. (1973) Adolescent psychoanalytical theory : Donald Meltzer & Martha Harris (2011) *Adolescense : Talks and Papers*. Karnac Books Ltd.

5) Winniccott, D. W. (1965) The Maturational Process and the Facilitating Environment : Studies in the Theory of Emotional Development. London : Hogarth Press.〔牛島定信訳『情緒発達の精神分析理論——自我の芽生えと母なるもの』岩崎学術出版社、1977〕

第Ⅳ部　成人と精神分析

第11章
精神分析的発達論
――パーソナリティ障害と自閉スペクトラム症

福本　修

第1節　はじめに――臨床のための精神病理モデルとしての発達論

　本章では、いくつも存在する代表的な精神分析的発達論を詳しく紹介する余裕はないので、臨床における発達モデルの位置についての概説を中心にしたい。
　精神分析的なアプローチは、その臨床経験に基づいてフロイト以来、様々な発達モデルを提起してきた。それは二つの意味で、時代との相互作用の産物である。一つには同時代の科学との対話を通じてであり、もう一つには、その時代に隆盛な精神病理がもたらす課題への取り組みを通じてである。ここで時代と言うとき、それには社会や文化の次元も含めている。そうした事情は、精神分析的なアプローチにとって発展ではあるが、限界の露呈でも、ある種の危機でもある。そこには全般的な危機と個別的な困難がある。
　第一に、それらのモデルは臨床的に用いられる中では意義を持つが、その文脈を離れて普遍化しようとすると、却って応用が利かない単純化になりうる。一つの学派の発達モデルは特定の病態の患者との治療経験に根差しており、その一般化には自ずと限界がある。それはかつて目指されていたような、普遍的な心理学ではありえない。
　精神分析的なアプローチは、一定の設定と方法論に基づいた面接の継続であり、それ自体に劇的な技術的革新はない。しかし理解のパラダイムが時代に応じて変化していることによって、治療者の観察と関わりの仕方も面接に期待されることも、変わってきている。そのパラダイムに、最初から精神分析に固有のものはない。エディプス・コンプレックスを始めとして、精神分析が提唱す

るこころのモデルは、常に物語や人文・社会諸科学を隠喩として参照している。発達についての見通しも同様である。フロイトが見出した小児性欲は、当時の一般知識や性科学から懸け離れたものではなかったとされている。

　特定の病態とのつながりは、精神分析のどの発達論でも見られる。フロイト、アブラハムらを経てまとめ上げられた「精神‐性発達理論」は、いくつかの神経症の精神病理を理解して治療を進めるうえでは、今でも有用性がある。だがそこには、M・マーラーが一定の乳幼児観察から見出した「分離個体化理論」が着目しているような関係性の理解はないし、後者を用いることで接近しやすくなった「パーソナリティ障害」という概念形成もない。現代では、スターンらによる乳幼児の発達論がより厳密とされ、愛着行動の観察や脳科学の知見が引き合いに出される。それらもまた、数学が物理学で活用されるのに多少似て、精神分析的なアプローチの世界観に影響する。しかし人間のすべてを説明するような包括的原理は、今後も現れる見込みがない。O・カーンバーグが自我心理学と対象関係論を統合してパーソナリティ障害の分類を提示した時、あらゆる問題が性格学的類型とパーソナリティ構造の三水準（神経症水準・境界水準・精神病水準）という枡目の中に分類整理されるかのようだったが、発達障害あるいは自閉スペクトラムの次元が見出され、すべてが再検討を促されている。順序としては、精神分析の理論はむしろ、臨床で経験される変化に追いつこうとする試みである。

　包括的な原理の不在に加えて第二の全般的な危機は、精神分析的なアプローチが単独では未知の事象の理解を達成できず諸科学を参照する必要があることによって、方法論自体が精神分析的ではなくなる恐れである。例えば、最新の発達心理学や脳科学の知見のような内容やプロセスの理解に関わるものであれば、精神分析という大枠を崩さずに取り入れられるかもしれないが、その結果、治療の作業自体がガイダンスや心理教育の方に近づく可能性がある。MBTのようにメンタライゼーションという特定の原理に基づくならば、それは精神分析から派生していても別種の治療法である。事態がそう移り変わるとき、精神分析的なアプローチの価値は何処にあるのだろうか。

　個別の困難には、取り組むべき課題の推移ということがある。動物の子育ては、おそらく数十年数百年を通じて一定している。だが人間の育児論は、社会

通念の影響によって数年数十年の間に、二転三転を続けてきた。また、身体の生物学的組成はその程度の期間で変わっていないのに、平均寿命は健康管理の改善や医療の進歩によって大幅に伸びた。それはペットや家畜でも同じだが、彼らの精神不調は概ねストレスで説明できそうなのに対して、人間の精神保健上の問題は尽きず、新たな課題が生まれ続けている。19世紀末にヒステリーが時代の病いとなり、20世紀後半にパーソナリティ障害が概念化され、今自閉スペクトラム症が注目されている理由は、おそらく言葉で叙述できるような因果関係の中にはない。精神分析的なアプローチ自体が、何かを説明する原理であろうとするより、記述し理解しようとすることへとパラダイムシフトしている。

　個別の困難の更に個別の困難として、種々の理論とモデルがあっても、或る個人にそれらがどう現れるかを把握する作業は、別のものである。理論はそのままで臨床場面に当てはまることはほとんどなく、個々の患者と個々の場面に応じた理解を考えなければならない。

　ビオンは或るセミナーでこう述べている。「分析理論は、大体3セッションの間、極めて有用です——あなたはその患者のことを何も知らないので、理論を頼りにせざるをえません。その後は、答えはカウチの上あるいは椅子の中に、そしてあなたが自分で見たり聞いたりできるものの中にあります」[2] (p.11)。彼は分析的な態度として、「記憶なく欲望なく理解なく」と掲げたことで知られているが、最低限の足場となる理解まで否定しているわけではない。これまで提唱されてきた様々なモデルについては、専門家にとっての常識として一通り承知しておくことは必要である。個々の有用性は、新たな知見が生まれても、必ずしも否定されるものではない。また、ある経験や臨床的事実を理解しようとするとき、様々なモデルを恣意的に持ち寄り、特定の学派の理論枠と概念を踏まえた探究にしないならば、それは一貫性や整合性のない理解に陥る。問題は、患者の現実から遊離した理解である。彼はこうも言っている。「新しい患者に会う際、或る程度の量の精神分析理論に頼ることは、他に何も起きていないとき、もちろん役立ちます。それは大体3セッションの間、役に立ちます。それ以降に、必要な情報のないところで解釈を与えることは、分析者は証拠を必要としない、と患者に考えさせます」[2] (p.228)。理論的な知識は、臨床的な

検証に取って代わるものではない、ということである。

1　様々な発達モデル

　どの発達モデルもあらゆる心的事象を説明する万能的なものではないが、一定限の臨床的な有用性は持っている。フロイトは多くの臨床問題について詳細に検討する論考を書き残したので、彼自身の自覚とは別に、現代の問題意識の源として読むことができる。しかし常識的な線で言えば、古典的な図式は以下のようである。

1）フロイト——自我心理学のモデル

　現代の精神分析と比較した時のフロイトの理論の特徴は、物理学的・生物学的で、力動的とは言っても静的で決定論的なことである。これは、彼の臨床が精神分析の基本原則に必ずしも捕われていなかったことと、別の問題である。静的で決定論的なところは、彼が定義するメタ心理学の基本的観点が、「局所論」「力動論」「エネルギー経済論」であることにも表われている。これらは、いずれも物理学的である。そこには日常用語の意味での「発達」や「成長」はない。

　『性欲論三篇』（1905）を起点として発展した「精神 - 性発達」（psycho-sexual development）論は、成熟への過程を含んでいる。しかしそれは植物の生長や動物の成長に似て、定まった軌道と完成形を前提として、それが停滞したりそこから逸れたり、というモデルで考えられており、精神的な成長のようなものは顧慮されていない。「転移」概念は、過去の経験が原版となるという着想が性的な二相説と結び付いて発展し、固着 - 退行 - 前進 - ワークスルーという、精神病理と治療を包括した見取り図に結実した。だが、この文脈での転移や対象選択に含まれる「対象」は、欲動満足の対象であって主体性のある対象ではない。対象が「内的対象」のようには変化も成長もしないのに応じて、自我の変化は外傷によるマイナスの方向しか叙述されていないようである。精神 - 性発達に基づくフロイトの性格論は極めて静的な類型化であり固定的である。

　それに対して「発生論」および「適応論」というメタ心理学の観点は、「自我」に自律的な活動の余地を認めたものであり、彼の死後にアメリカでの自我

心理学の発展の中で付け加えられた。エリック・エリクソンによる「ライフサイクル」論は、自我の心理社会的発達を、乳児期から老年期まで論じた。アナ・フロイトの「発達ライン」、タイソンらの「発達理論」は、フロイトの構造論（エス−自我−超自我という構造）で人生の諸相を扱っている。アメリカでの動向は、『自我心理学の新展開——フロイト以後、米国の精神分析』[5]に非常に詳しい。そこではマーラーの分離個体化モデルも紹介されている。

　２）アブラハム——クラインのモデル
　では、後の対象関係論が扱う意味での「対象」は、何処から登場したのだろうか。はっきりと意思を持って自我と関わる主体性を帯びた対象は、「超自我」である。その生成を研究する過程では、「同一化」「投影」「取り入れ」などの機制が見出された。フロイトにおいてそれが論じられ始めるのは、「ナルシシズムの導入にむけて」（1914）の頃である。それは、リビドーの変遷を解明しようとする、主として欲動論的な「無意識」についての研究から、対象関係論的な無意識の次元がより詳細に検討されるようになっていく分岐点である。脱性愛化したエネルギーの研究は、ユングへの対抗という側面もあったが、性愛に限定されない満足の仕方や対象との経験を考慮させた。また、同時代のアブラハムは、躁うつ病者による対象の「体内化」という無意識的空想に着目して、クラインの「内的世界」を用意した。
　クラインは、フロイトが二大欲動を生の欲動と死の欲動へと改訂し、構造論を提起した頃、子どもを臨床の中心として職業的に出発した。フロイトにとって「死の欲動」が思弁的に要請された概念であったのに対して、クラインにとって子どもの攻撃性・破壊性はリアルだった。彼女は、フロイトが予想して思い描いた未踏の地を、実際に臨床的に探索してその世界を経験した。そのため、フロイトは大人の中に幼児を発見したのに対して、クラインは大人あるいは子どもの中に、乳児を発見したと言われる。
　彼女はフロイトの主要概念を書き換えることになったが、本人はフロイトに基本的には忠実であると表明し続けた。それはリップサービスあるいは政治的配慮とも言えるが、精神分析の根幹は共通であって差異は対象の違いから生じていると見れば、順当な言明である。フロイトは成人の神経症を研究の出発点

としていた。それに対してクラインは、現代的視点では自閉スペクトラム傾向の患者を含む子どもを臨床の出発点として、精神病性不安や衝動性に対する防衛を見出した。結果としてクラインは、フロイトではエディプス・コンプレックスの後裔だった超自我がそれ以前から過酷な前駆形で存在しており、乳幼児は早期から自分の性別を知り、独自の空想世界を持っているとした。それゆえクライン派では超自我は内的対象の一つと見なされており、逆に、すべての内的対象は超自我の性質を帯びているという主張もある。また、プレイを通じた交流は必然的に here & now での出来事を重視させ、投影と取り入れの循環が実際に確認される。

　子どもについてこのように論じたクラインは、次第に大人の分析治療も行なうようになり、その内的世界を「ポジション」論として表わすようになった。彼女は実体的・現実的に受け取る傾向があり、当初「抑うつポジション」および「妄想分裂ポジション」について、それぞれ躁うつ病および統合失調症の発生を来たす固着点と見なしていた。また、大人や子どもの治療を通じて窺われるのは、あくまで連想とプレイによる表出であり、そこに無意識的空想が浮き彫りになるのは、解釈によってである。しかしクラインは、立ち会っているかのように述べた。彼女の発達論は以下のように要約できるが、物語の叙述のようである。

　「妄想分裂ポジション」そして「抑うつポジション」は、心的な構造の発達とともに達成される経験様式である。乳児は生後三ヶ月頃になると、それまで断片的だった対象との経験を、満足を与える対象との関わりおよび欲求不満に陥らせる対象との関わりの、両極端へとまとめ上げる。対象は具象的に、前者では理想的な「良い対象」として、後者では迫害的な「悪い対象」として経験され、両極端に分裂される。「悪い対象」は、内的な不快が投影同一化によって外的な対象に投影されてますます悪い対象となり、それを救済する「良い対象」は、ますます良いものとなる。こうした投影－摂取のサイクルによる同一化は、活発に行なわれているが、対象の性質は不安定である。これが妄想分裂ポジションである。

　この経験水準では迫害的不安が支配的で、主な課題は、自己が生き残ることである。良い対象の不在は、直ちに悪い対象による迫害である。そこに思考と

実在の区別はなく、自分の攻撃性は直ちに投影され、実際に攻撃されているように感じられる。対象の良さと悪さの評価は両極端であり、理想化と攻撃性の投影によって歪められている。

　乳児は六ヶ月を過ぎる頃になると、それまで部分対象として分裂して経験していた母親との関わりを、連続したものとして理解するようになる。悪い対象と思っていたものは実は良い対象でもあり、自分が敵意と攻撃性を向けてきたことが明らかとなる。乳児は罪悪感を経験し、対象を再建しようとする。それは同時に、自己と対象の分離の過程でもある。内的状態の投影が引き揚げられ、自己愛的だった対象との関係は現実性を増す。この経験水準の主要な不安は抑子ども的不安である。この抑うつポジションへの移行に伴って、象徴形成の能力が獲得される。対象は具象的に失われることがあるが、象徴的に保持されることができる。それは、物と思考・行動と空想の区別がなされて、衝動が心的世界の中で意味と目的の下にコントロールされることを意味する。

3）クライン派のその後と他の対象関係論的モデル

　このようにクラインは「ポジション」をゼロ歳児の発達の現実上の時期に対応させて考えたが、その一方でポジションは生涯にわたって続く位置あるいは構えであり、発達段階とは異なるようにも述べている。現代では、乳幼児の能力が「正常な自閉期」を立てたマーラーの説よりもクラインの考えに近いと認められているが、いずれにせよそうした参照の意義は臨床的に薄れていて、「乳児」はパーソナリティの諸部分の一つとして捉える方が一般的である。

　ウィニコットは、やはり母子の二者関係に注目してクラインとは異なる依存の相対化と脱＝錯覚過程を論じた。ウィニコットの理論は、非性的で攻撃性にも父親にも大きな役割が与えられていないと論評されることがあるが、それは治療者としての気質の違いばかりでなく、扱う時期や対象の違いがかなり反映していると思われる。つまり、彼が述べているのは妄想分裂ポジションよりも前の時期からのことであり、「偽りの自己」が問題になる群の中には、自閉スペクトラムが入っているようである。彼が「精神病的」と形容している患者の多くに、自閉的と呼んだ方がより適切な、感覚異常や統合不全が認められる。

　ビオンは、クラインでは病理的で攻撃的な防衛機制とされていた「投影同一

化」に、正常で健康な成長の基礎となるタイプがあって、母子の間でも治療者 - 患者の間でも正常な投影同一化に基づく交流が為されていると指摘した。彼は更に、その関係性を「容器」-「内容」と抽象したり、母親・治療者に共通する機能をそれぞれ「夢想」・「アルファ機能」と名づけたりして、様々な局面と水準で考察した。彼は、「パーソナリティの精神病的部分」「パーソナリティの非精神病的部分」という捉え方も提示した。これらは、「乳児的部分」と同様に機能から見た単位であり、実体として受け取るのは誤解の元である。それらに倣って、時には「自閉的部分」あるいは「非自閉的部分」という用語が使われることがあるが、それを理解するには、どのような事態を略記しているのかに立ち返る必要があるだろう。

後のクライン派は、クラインの基本的前提が様々な発達の局面（メルツァーの「思春期」、エリオット・ジャックスの「中年期危機」）や、重度のパーソナリティ障害（ローゼンフェルド「破壊的自己愛」からスタイナー「病理的組織化」まで）の理解に役立つことを示した。

4）ピーター・フォナギー、メアリー・タルジェの『精神分析の諸理論』(2003)

精神分析が提唱してきたモデルは、列挙すれば、治療者と患者の数だけあるとも言えるだろう。ただ、個々の患者に即した理解でなければ意味がないにしても、モデルはいくつかの代表的な潮流に集約される。最近では、フォナギーらの著書（邦題は『発達精神病理学からみた精神分析理論』）[3]が、それらを「批判と評価」とともに明解に紹介している。主な章立てを確認しておこう。

同書は「フロイト」（第2章）から始まって、アメリカでの自我心理学的発展を述べた「構造論的アプローチ」（第3章）およびアナ・フロイト、マーラー、サンドラーの仕事を論じた「構造論モデルの修正と発展」（第4章）、「対象関係論序説」（第5章）、「クライン-ビオン　モデル」（第6章）、「英国精神分析の「独立」学派」（第7章）、「北米の対象関係理論家たち」（第8章）、「対人的-関係論的アプローチ」（第9章）、「ボウルビィの愛着理論モデル」（第10章）、「スキーマ理論と精神分析」（第11章）そして「フォナギーとタルジェによるメンタライゼーション・モデル」と、現代の潮流をほぼ網羅している。「批判と評価」は冷静で、ウィニコットのところでは、「誕生時の体験を、

たとえ身体的にであれ、記憶しているという仮説は疑わしいものがある」と述べている。彼らの著述は、様々な理論を相対的に評価するのに役立つことだろう。

　では理論は、どのような場面でどう役立つだろうか。神経症水準の患者の場合、治療者に一貫性があってメッセージを受け取る注意深さがあれば、どのような視点に基づいても大きな差はないかもしれない。例えば、アパートと会社の往復しかしていなかった男性会社員が、治療面接を始めて少ししてから、商店街の脇の横丁に入って行く夢を見たとしよう。それを退行と呼んでも遊びと呼んでも構わないだろうし、そこで患者が連想するままを受け取りそれに従っていくことで、突然大きな問題に当たることはないだろう。言い換えれば、治療にはほぼ全体対象関係水準の展開が期待されるだろう。このような場合、理論の出番は、後から経過をまとめて発表しようとする時くらいである。

　それに対して、例えばうつ状態を主訴に精神科病院に入院した女性患者が、援助職に就いていても希死念慮を抱えており、自傷行為や多量服薬を常習的に行なっていたと判明したならば、患者が"カウンセリング"を希望していたとしても、気分障害の評価・パーソナリティ障害の有無とタイプの判別・成育歴と家族関係の問題・社会的達成度と直近のストレスなどを多角的に検討する必要があり、直ちに心理面接に導入することはしないだろう。紆余曲折を経て退院になった時点でも、安定した通院が可能なのか、復職に向けたリワークが中心なのか、そもそも本人が何を求めて心理面接を希望しているのか、などをやはり検討して、心理面接が役立つ可能性があっても関わりが薄く本人の現実志向が強ければ、敢えて勧めないだろう。入院が複数回となって、性急に職場に戻ることは叶わず、しかし悪性の退行を起こして希死念慮や自傷行為が止まらない——といったことがないことがはっきりした時点で、心理面接は意味を持つかもしれない。つまり、患者と治療者で治療についてのテンポが合ったときに初めて、長期的な関与である心理面接の可能性がある。

　その先は患者の病態次第だが、衝動的な行動の傾向が残っている場合、生活の構造化をすることが最初の課題である。具体的には、家族と同居するのか、日中はどう過ごすのか、デイケアならば、どのようなプログラムに参加するのか、などである。これは、理論的には〈環境によって抱える〉と理解できるだ

ろう。このような局面では、つまり何らかの治療的な介入を要する場面では、その妥当性や必要性を吟味するために、理論は有益でありうる。だが、理論的には一つのステップであることも、一足飛びには達成されない。こうした患者は、一対一の治療面接があってその他は自立的に過ごす、というようなことが当面できず、主治医には厳しい対象を投影する一方で、心理士・看護師・デイケアスタッフの区別なく辛さを訴えたり、他患に病的部分を投影して距離を取ろうとしたりする、部分対象関係が続く。一見良い関係や希望的で良さそうな話が出ても、解決されていない問題は何処かに潜んだままある。心理面接では、それなりに現実的な悩みや相談事が語られ、他人には話さなかったことを話す程度の信頼感は生じると同時に、深まらない感触が続く。そのうち、大きな無理がなく見える再就労のプランが語られたりする。

　しかしそういう時期に、隠されていた「乳児的部分」が絶叫を始める。内的・外的な困難に突き当たった患者は慰め難く、また最悪に近い状態がぶり返す。或る程度自発的に再入院すれば、それが患者の進歩だろう。

　以上は、パーソナリティ障害の患者に見られがちな経過の模式的描写である。こうした時期の患者にとって、言葉は価値が微量で、焦りや不安に圧倒されるのを押しとどめることは困難である。そのため、治療者による語り掛けも理論的な理解も、直ちには効力を発揮しない。それらは、治療者と治療チームを過度な期待や消沈から保護し、治療の成り行きに関して現実的になることを助ける。理論は患者を治すよりも治療者を支えるためにある、と言われることがあるが、患者から投影されたものを抱え消化するのに役立つ可能性があるものである。

第2節　成人の自閉スペクトラム症について

　成人の自閉スペクトラム症は、ウィングによるアスペルガーの再発見を経て、医療に限定されない幅広い領域でのトピックスとなっている。精神分析的なアプローチに限っても、以下のような流れで研究がなされてきている。

（1）タヴィストック・クリニックにおける自閉症児の精神分析的研究：メルツァーらは1960年に遡る自閉症児たちとの治療経験を『自閉症世界の探求』にまとめ、「心的次元論」を提唱した。彼はそれぞれの症例から、「分解」（dismantling）、「原初的抑子ども」「万能的強迫機制」「自閉的同一性」などの精神病理的な特徴を指摘した。その後、20年以上時代を下って、スー・リード、アン・アルヴァレズらは、自閉症ワークショップを主宰して、自閉性障害を持っていても存在する人間的なパーソナリティの非自閉的部分との交流の可能性を広げようとした。

（2）タスティンによる自閉症児の精神分析的研究：それに時期的に平行して、タスティンは自閉症児たちとの精神分析的な面接を、根気強く毅然とした態度で重ね、彼らの自我状態や対象関係をアメーバ型・甲殻類、自閉対象・自閉輪郭、「ブラックホール」などの用語で描写した。

（3）現代の子どもへの心理療法の課題：アルヴァレズは、虐待が先か象徴能力の乏しさが先かを決め難い、素因・環境複合性の象徴化能力障害に対する理解と技法を考察している。

（4）ビックの付着同一化論：ビックは乳幼児観察や訓練分析の経験を通じて、二次元的な防衛や存在様式を、「付着同一化」「第二（代理）皮膚形成」と概念化した。これらは成人のパーソナリティの非神経症構造を理解する手掛かりを提供している。

（5）成人の「自閉的部分」の古典的研究：S・クラインの「神経症患者の自閉現象」が有名だが、ウィニコットによる「偽りの自己」論中の一部の患者は自閉的である。タスティンは晩年に、「自閉的部分」を神経症者に探知した。

（6）日本における青年期・成人の隠れた発達障害の研究：衣笠隆幸は、精神分析的な治療を通じた内的変化の乏しさや外的適応のあり方から、外面では多様な精神疾患を呈していても、芯は発達障害である一群を見出し、「重ね着症候群」と命名した。

（7）「自閉的部分」の現代的研究：タスティンの流れを受け継いで、J・ミトラーニは「異例の防御」（extra-ordinary protections）について、コルビチェール（Korbivcher）は「自閉的変形」（autistic transformations）について論じている。

（8）自閉的不安の研究：これは、もはや自閉性障害の診断と全く無関係に人が持ちうる、自閉様経験を把握しようとする研究である。オグデンは第三のポジションとして「自閉隣接ポジション」と概念化し、ヒンシェルウッドは「破局」が含む自閉的不安を論じた。

　これらの他にも、この領域では様々な論考が引き続き生まれている。それらは、自閉スペクトラムの問題に必ずしも直接の解決をもたらさなくても、様々な心的現象の精神分析的な理解に役立つことだろう。
　ただ、ここで注意したいのは、私たちは成人の自閉スペクトラム症（ASD）を持つ患者に、問題が複雑化して本人と周囲が対応しきれなくなったり、他の精神疾患を併発するようになったりしてから、治療者として会っていることである。治療は障害／症（disorder）に関して、何らかのorderをもたらそうとする。しかし彼らにとってのorderは、定型発達の場合と同じではない。本田秀夫は「非障害自閉スペクトラム」（Autism Spectrum Without Disorder：ASWD）を提唱して、ASが必ずしもASDとならず、ASの自然な発達史の理解に基づく適切な配慮によって悪条件を回避できれば不適応に陥らないことを論じた。彼は、「放任」や「過剰訓練」「自主性過剰尊重」の問題を指摘し、ライフステージに応じた「特性特異的」な支援を具体的に教示している。私たちは自閉スペクトラムの発達の自然史と生態を、もっと知るべきだろう。
　翻って、青年期・成人の患者たちは、何らかの悩みや訴え、疾患とともに現れ、根底に自閉スペクトラムの問題があるのを知らないことも少なくない。本当の問題に焦点を当てられないことによって、彼らは種々の心身反応を出し続けてきている。彼らにとって、自閉スペクトラムについて知るだけでは十分な助けにならない可能性が高く、直接にあるいは家族を通してともに考え、現実と関わっていく体制が必要だろう。
　その際、彼らから聞くのは、彼らが回顧する限りでの幼少期である。通常、回想はスクリーンとして働き、何かを映し出すとともに加工し隠す。その点は自閉スペクトラムの場合も変わらないと思われるが、質的には違いがある。本田は、「乳幼児期においては、人と物とを分け隔てしない、他の対人関係と比べて母子関係に特別な意味はない、愛着や共感に乏しいが信頼形成は可能、親

からの従命行動に全く動機づけられない、情報の伝達と共有に関心が低いといった特徴がある」と描写している。続くライフステージのことも活写されているが、それはここで措くとしよう。

　それで、「愛着や共感に乏しい」はまだしも、「他の対人関係と比べて母子関係に特別な意味はない」と言われると、精神分析的なアプローチを重視する人たちにとっては、衝撃的ではないだろうか。——しかし、これは実際によく耳にすることである。曰く、家族はたまたま同居した人たちで、親役や弟役をしているのは、このパラレルワールドの設定だと思っていたとか、夜になると両親は着ぐるみを脱いで、親役を止めていると思っていたとか。これは、オリジナルのないコピー、といったポストモダン的状況である。では、帰属感の薄さあるいはなさ・仮初めの付着は、生来の素因なのだろうか、それとも精神病理なのだろうか、それは環境因も寄与しているのだろうか。ここに「象徴化能力の乏しさ」が加わると、患者の世界は「二次創作」の観を呈する。つまり、実在の人物がアニメや漫画の登場人物のようであり、自分の好みを入れてそれらの関係性を構築しているという印象が与えられる。彼らが自らを「異星人」に喩えるのは、現実との離齬や疎外の強さの故だろうが、そう感じやすい人たちでもあるのだろう。

第3節　おわりに——精神分析的アプローチの発見的役割

　ビオンは、「自分で自分が何を言おうとしているのか分かりません」と言った患者を理解しようとして様々に考えたことを述べている。

> 「もしも彼自身が、差異の存在を理解できるならば、彼の識別能力は非常に鋭敏です。この鋭敏な能力は、一つ二つの言葉に限定されそうにはありません。しかし同じ患者が、普通の会話に耐えられないかもしれません。彼は自分が普通の会話を用いることに耐えることさえできないかもしれません。［私は、「おそらくは精神病的な」患者で、厳密な（exact）思考と知覚の正確さ（precision）、例えば不正確に上演された音符の耐え

難さのために苦しんでいた患者を知っていました。この種の患者の困難は、彼が正確さ（precision）の重要性に、分析者が彼に明確にし続けてきたことで気づいたとき、彼の敵意が漠然として不正確（inexact）という形をとる時に生じます。彼は全セッションを、漠然として不正確な（imprecise）抽象概念で「事実」を伝えることに使用するでしょう。〕

頂点を変更すると、患者は曲を書いたり演奏したりしようとすることに耐えられないほど、或る音符を他のものと識別する能力を有しているのかもしれず、私たちには彼が音楽家として能力不足に見えるかもしれません。しかし、彼が音楽家であることや音楽を聴くことさえできない理由は、彼が大変鋭敏な音楽家だからです」。[2]

彼は慎重に、患者を「おそらくは精神病的な」と括弧に入れて形容している。今ならば「発達障害的な」あるいは「自閉スペクトラムの」と形容するだろうか。確かに、そうも思わせる事項が、45年前に記載されている。しかし重要なのは、先見の明ばかりでない。意味づけを急がず、吟味を続け、答えの可能性を開いたままにしておくこと——そうした態度が精神分析的なアプローチを、時代の波を超えて存続させるように思われる。

文献

1）Bion, W. R.（1990a）*Brazilian Lectures：1973 San Paulo；1974, Rio de Janeiro／San Paulo*：Pts.1 & 2．Routledge.
2）Bion, W. R.（1990b）*Clinical Seminars：Brasilia and Sao Paulo and Four Papers*, Brunner-Routledge.
3）Fonagy, P. & Target, M.（2003）*Psychoanalytic Theories*. Routledge.〔馬場禮子、青木紀久代訳『発達精神病理学からみた精神分析理論』岩崎学術出版社、2013〕
4）本田秀夫「大人になった発達障害」『認知神経科学』19、1、33-39、2017
5）妙木浩之編著『自我心理学の新展開——フロイト以後、米国の精神分析』ぎょうせい、2010

第12章
成人の精神分析的アセスメント

髙野　晶

第1節　はじめに

　「アセスメント」という言葉を使う時、臨床心理学的な意味合いとしては、精神療法、特に精神分析的精神療法においてはじめに行う構造化された面接作業が思い浮かぶことだろう。たとえば、週1回50分で4回ほどの面接を設定し、適宜質問と明確化を織り交ぜながらも自由連想的に行い、見立てをまとめる、といったものである。これはこれで重要な一分野であるが、本書の対象とする医療場面を語るには、そういったアセスメントに限局せず、患者との出会いから見立てが出来上がっていくところまでのことについて、また、医療場面にかかわる要素のいくつかを吟味するという営みについて記そうと思う。
　なお、私の医師としての経歴は内科医に始まる。そこから心療内科医にシフトし、更に精神科医の仕事に携わるようになった。その傍ら精神分析的なトレーニングを受け、精神療法を医療場面で行ってきた。総合病院勤務時代に入院患者のコンサルテーションや他科・他部門と連携して案件に関わる時しばしば考えていたのは、これは文化人類学でいうところのフィールドワークという観点が必要だということだった。その外的内的観察と関与のために私が準拠する理論のひとつが精神分析理論であった。私のコンサルテーション場面は救急医学科が圧倒的に多く、そこでの短期間の接触においても出来事や介入が持っている意味を考えるためには、精神分析的な理解が自分を支えたといえる。
　このようなことを背景に持って述べてみよう。医師・看護師・心理専門職はそれぞれに患者との出会い方は異なっているが、どの立場にも共通な要素が存

在すると考える。

第2節　精神科の医療場面とは

　私たち医療スタッフが医療現場に立つとき、そこには、私たちを含む人的環境と物理的な実質的医療環境があり、医学の知識や学問の体系があり、法律や社会的経済的な制度がある。そこに困難を抱えた患者が登場する。標準的な医療においては、医学的な診断を中核として、医学の及ぶ範囲で制度と環境にみあった治療が検討され、例外を除き患者が説明を受けてそれを了解したうえで（インフォームド・コンセント）、治療となる。事情によっては多少の順序の前後はあるとしても、大方この方向に向かっていく。また必要に応じて途中で再検討がなされ、同様な繰り返しが続く。

　以上は、医療全般におけるシステムだが、精神科医療の導入部分には特徴的な問題がある。

　まず、精神科は他科（身体科）に比べて、診断に関しては先進技術の恩恵が圧倒的に少ない。器質的な障害などを除いては、医師の問診や観察などによる情報から診断がまとめられることが普通である。これが意味するところは、診断そのものが医師と患者の交流（交流できないこともひとつの交流様式として）のうえに成り立っているということである。更に、精神科の疾患をもった患者は、概ね対人関係における多様な困難を抱えており、対人的援助を受ける場面において必ずしも自らに有益にふるまえない[1]。もとの障害にそうした困難も付随しているといってよいだろう。また、操作的診断のチェックリストをあてはめても一面的な診断しか得られず、よく言われるように治療的介入には十分有用とはいえない。そこで、交流の中に落とし込まれる様々な情報をつかんで拾う方法が精神分析的な理解である。

　更に、病気という概念に関して、患者・家族の様々な思い込みがある。精神科疾患は、生得的な脳の性質、生下後から発症に至るまでに受けた器質的影響、生育過程における人的・物的環境からの影響、最近のストレスや生活状況および身体状況といった複合的な要素により発症する。それはすなわち、病気の原

因が何かあって、その結果病気が生じ、原因を取り除くことが治療である、という直線的なモデルにはあてはまりにくい病気が多いことを意味する。しかし患者や家族は直線的原因追求型モデルに慣れており、理解の枠を変えることは簡単ではない。また、原因追究型のモデルは、不安な状況において悪しきものを分裂排除して all good な自分や世界を取り戻そうとする機制とも通じて、おのずと選ばれがちである。

　アセスメントの作業において、患者に現症のみならず生きてきた道のりや過去・現在の環境を語ってもらうことは、このような認識を変化させる導入部ともなる。

　もちろん、直線的原因追究型モデルの源は伝統的西洋医学モデルにあるので、医療者自身にもこの考え方は親和的なものである。これを基本の柱としつつも、上記のような複合的な要素が関係しあっているという観点（精神力動的観点）をもうひとつの軸として行うのが、医療場面における精神分析的（精神力動的）アセスメントである。

第3節　初診について

　医療場面における入口は「初診」である。心ある医療機関ならば、30分以上かけて、次のような経過を持つことが教科書的な、つまり伝統的精神医学的な次第である。

（1）　はじまり：挨拶、自己紹介、今回の診察に関するオリエンテーション。
（2）　基本情報：年齢・性別・婚姻状態・職業・住環境など。（カルテ、問診票、診療情報提供書などの情報も参照）
（3）　主訴、現病歴、既往歴、生育／生活歴、家族歴など：直接問診。
（4）　精神症状：問診と観察。
　　　（1）〜（3）を行ううちに観察し、必要な補足を行う。
　　　＃外見・素振り。＃言葉・会話・疎通性。＃知覚（幻聴・幻視など）。
　　　＃思考（思路・内容）。＃感情（基調・スイング・周期）。

＃認知機能（見当識・記憶など）。＃知的水準・常識・抽象思考・判断。
　　　＃集中力・意欲・衝動統制・達成ほか。
（5）　身体状況：睡眠、食欲、その他の身体症状。
（6）　医師はこれらを患者に語らせたり、質問をしたりしながら、表出の内容およびそのプロセスの観察をもとに、診断リストを頭の中で検索し続け、更に質問を加え、診断の精度を上げていく。
（7）　それとともに必要な検査や除外診断に必要な項目などを頭の中でリストアップする。
（8）　そして、初診時の暫定診断、方針の説明を行うことになる。

第4節　ラングスの初回面接

次に、参照するものとして、ラングス[3]の初回面接に関する記述を挙げる。これは心理面接における初回であり、いまの困難に対する大まかな見立てを作るとともに、精神療法でやっていけるかどうかを査定することが目指されているので、医療場面でのアセスメントにぴったり当てはまるわけではない。しかし大いに参考になる。網掛け部分は、初診では必ずしもふれられないが、医療場面における精神分析的アセスメントには重要な項目である。

（1）　患者の情緒的な問題の同定、診断の確立：現在の問題の引き金・環境（内的・外的）を含めて描く。なぜいまなのか。
（2）　問題の背景：生活状況、人的資源、生育歴、家族関係。
（3）　コーピング、資質：葛藤や不安をしのぐ方法、統制、自我や超自我の評価。
（4）　急性の問題を見定める：自傷・他害傾向、急性精神病状態など。
（5）　治療への抵抗：行動化、他者の反対、問題の否認、経済的時間的問題、治療への恐怖。
（6）　治療や治療者への pre-formed transference を同定。
（7）　治療における作業能力の評価：交流する、信頼する、空想する、協調

する、内省する……。

第5節　初診に力動的な観点を加味する

「第3節　初診について」と「第4節　ラングスの初回面接」をながめたうえで、初診に力動的な観点を無理なく加味することを考える。

1　転移・逆転移

　転移・逆転移は精神療法の専売特許ではなく、人と人が出会う場面には必ず生まれるものである。そしてそもそも医療は何らかの患者側の困難をもとに求められ、医療行為には、〈処理経過中の苦痛〉と〈結果としての苦痛緩和〉が含まれる。それに与る私たちは様々な対象像を投げかけられる。救世主的であったり、厳しく排除的であったり、侵入的であったり、というふうに。初めての出会いにおいて既に、患者には体験してきた情緒的関係の集積から編み上げられた対象像がすでに描かれていて、それが私たちに濃厚に重ね合わされている（pre-formed transference）。それらを吟味しつつ、あまりに現実的でない場合は修正を必要とするが、まずは、患者の恐怖や希求についてはいったん共感が必要であろう。そのうえで、現実検討を促したり、ある程度の陽性の転移は引き受けていくことになる。しかしこれは、専門職機能以外の個人的な関与をすることや、現実離れした保証をすることとは異なるということを銘記する必要がある。

　私たちの中に逆転移が生まれることも確かである。切実な訴えに何とかしてあげたいという思いがわいたり、過大な要求に疎ましい思いがしたり、あまりの悲惨な状況に苦しさを覚えたりすることは誰しも馴染みのあるところであろう。これらは、私たち自身の抱えるこころの偏りの影響の部分もあることは念頭に置きつつも、患者の投影同一化による伝達を反映していると理解して読み解くべき情報である。時には、身体感覚として体験することもある。アセスメント時点では、これらをまず把握することが適切な作業である。つまり、まず患者理解のための情報として用い、患者に呼応して行動することには慎重な姿

勢を取ることにつなげたい。

　では、初診段階で転移について患者に解釈するのだろうか。精神療法におけるいわゆる構造化されたアセスメント面接であるならば、試みに解釈を伝え、患者の反応をみて精神療法への適性を判断する材料にするだろう。しかし本章で記すような場面では、患者についてのその理解を伝えることによって患者の信頼が増すことが予測される時、またはそうすることがぜひ必要と判断される時に限って伝えることに意義があるといえよう。初診者がその状況において転移解釈が必要だと的確にアセスメントできるなら、といってもよい。

2　女性の患者と女性の治療者

　ところで、女性の患者と女性の治療者について追加しておきたい[7]。以下の「女性医師」の部分は、女性医療従事者に汎化して理解することができる。

　精神科外来で、女性の医師を希望してくる女性患者は少なくない。時には切望される。思春期や身体の問題が大きく関わっている場合、男性に関する何らかのネガティブな心理的経験をもっている場合はもちろんなのだが、そうでない場合もちょくちょくある。

　そこには、すでに個々の患者がもっている、母親との関係から醸成された様々な内的女性像が関与し、pre-formed transferenceがある。患者が女性医師を望む場合、たとえば「話しやすい」「わかってもらえる」「怖くない」などの期待が寄せられる。患者が母親対象との間で受容的な関係を経験してきた場合もあるが、スプリッティングによって、母親が悪い対象で、理想化された良い対象をよそに求める傾向の一端である場合もある。女性医師がどのような意識で臨床に臨むとしても、格別に優しいわけでもないと思っていても、それは投げかけられる。標準的な臨床家はおそらく、これをほどよく采配しているはずである。医学教育ではこうした対応について言及されることはなく、当事者の良識に委ねられてきた。しかしながら、大きく揺らぐことなく、患者が投げかけるものをほどよく引き受け、ほどよく断り、ほどよく期待と断念を与える、という意味での母親機能が医学臨床の中で担う役割は、本来臨床に必須なのではないかと思う。もちろん、期待が満たされないときの患者の怒りや失望や悲しみを向けられることに耐えることも含まれる。

向けられるものが標準サイズならば、良識がうまくやってくれるだろうが、過度な理想化や満たされないときの迫害感など、より大きなものを向けられたとき、頼りになるのは転移逆転移の理解である。

3　ストーリーを読む

　現病歴、既往歴、生育・生活歴、家族歴はばらばらの情報ではない。その患者がどのように生まれ、育ち、生きてきて、そして困難がからまって、行き詰まったりすり抜けたりしてきたのか、その傍ら自らを保ち、成し遂げてきたか、また、援助が存在したのか、それを使えたのか、といったストーリーを思い描くことができる情報源である。患者はそのように語るわけではないから、聞く側が構成しながら、質問で補う部分もあれば、欠損のままの部分もある。ストーリーを読むとは、力動的 - 発生論的定式化の簡易バージョンである。従って、ライフサイクル上の各段階の発達課題に関して患者がどのように乗り越えてきたのか、困難があったのかは注目に価する。

　また、ストーリーとして耳を傾けていくと、防衛機制の使われ方も見えてくる。それらは繰り返し現れてくるものである。スプリッティングや否認美化、投影が多ければ、苦悩が自己の外に排泄され、そのストーリーはどこか書き割りのように奥行きのないものに聞こえる。成熟した防衛機制が主であれば、体験には情緒や多彩な視点が重なって複雑なものに聞こえる。

　ストーリーを彩っていくのが対象関係である。家族や近い関係の人々とどのような関係を持ってきたのか、という外的な対人関係を知ることから、その患者がどのような内的対象を抱えてきたのか、そしてそれが外界に投影されて外的対象を形作り、現実的な関係になってきたさまを想定することができる。

　現在の病態の成り立ちが掴めてくれば、症候論的診断だけでは見えないものが見えてくる。記述的横断的診断で統合失調症であるものがヒステリーだったり、境界性人格障害であるものが心的外傷によるものだったりと、診断や治療的対応が異なってくることもある。更に、様々な治療歴をもった患者の場合、薬物や関係による修飾が複雑な病態を示していることがあり、重症に見えるものが時には医源性の病態である場合もある。また、一見薬物的対応で良好な経過が想定されるパニック障害であっても、じつはパーソナリティの病理が重く、

小手先ではたちゆかないことが予見されたりもする。

4　患者の資質

次に、患者の中の資源を査定することにしたい。

まずは、自我機能である。ベラック（Bellak, L.）の12項目の自我機能[6]が標準である。ここでは、初診において把握しておきたいものをピックアップする。

〈支配－達成〉

取り組んだ仕事や学業を継続的に最後まで達成する自我機能。

〈現実検討と判断・予測能力〉

主観で描くものと現実を照合する機能が現実検討であり、これから自分の行う行動の結果について適切な予測を行う機能が判断・予測能力である。

〈衝動の統制〉

性愛的なものと攻撃的なものを含む衝動は、行動に移行する性質をもつ。それらが抑圧され、置き換えられ処理されるのか、それとも行動となり、しばしば他者を巻き込むことになるのかは、自我の機能によるものであり、超自我のあり方によって規定される。

これらは、適応と深く関係する。医療場面では、患者の適応を保ち、強化することは念頭に置かれる必要がある。同様な病理を持ちつつも、これらの自我機能の違いによっては大きく適応が異なる場合があり、自我機能の不足を補うための具体的方法も検討されるべきである。

次に、psychological mindedness について述べよう。新しい用語ではないが適当な訳語がないので原語のまま記す。これは、第4節の「（7）治療における作業能力の評価」とも通じる。精神療法の適用を検討する時に吟味する必要がある。まず、困難を外在化して他責的になりすぎずに、内的な要因について考えることができるか、様々なできごとや体験を統合して症状や困難を理解するような意味ある探索ができるか、というようなことは、初診時にいくぶん感じとることはできる。そして、情緒的体験を言葉で語ることができるか、象徴化に通じるようなメタファーやたとえを使うことができるか、などは数回のうちには分かってくる。初診開始時に不安緊張が強くて十分な表出ができなくて

も、終了頃には語れるようになり、さらに2回目の診察時には前回は話せなかったが、といってより交流的に語れるようになる、といったかたちでその力が示されることもある。

　ある程度の psychological mindedness が感じられたら、直面化や解釈の試みをしてみて、それを元に更に考えられるようなら、精神療法が有力な選択肢となる。

第6節　自閉の病理について

　現代的な成人の精神科診断において、自閉スペクトラム症は検討すべき必須項目といえるだろう。しかし、成人後に初めて問題が顕在化するのは、多くは高機能の患者たちであり、伝統的な記述的精神医学的診察ではあまりそれとしてひっかからないような部分をもっている。かれらの呈する病態はむしろ別の診断をつけられ、治療は難航する。

　衣笠の提唱した重ね着症候群[4]はその病態を概念化してまとめている。背後に軽度の自閉の病理を持ちながら、高機能なためにそれはマスクされ、統合失調症やパーソナリティ障害を初め多彩な疾患の病態を認めることになる。的確な診断には、詳細な精神分析的診断面接や家族からの発達歴聴取、心理検査を必要とするので、初診あたりでは困難である。よく言われる双方向のコミュニケーションや情緒交流の困難さについては、面接場面での交流の仕方や逆転移の参照（投影同一化が使われにくく、情緒的に強く感じさせられることが少ない）によって垣間見えることはありうる。

第7節　患者以外のアセスメント

　精神科臨床は、患者が自ら求めた場合でも誰かに連れて来られた場合でも、あるいは誰かに勧められて来た場合（家族や友人・産業医／カウンセラー／他科の医師の紹介など）でも、受診動機についての一考が必要である。解決すべき

問題が患者の主訴であるとは限らない。更に、問題の所在が患者なのか、家族なのか、組織なのか、事態は様々である。こうした中、私たちが誰に何を求められているのか、それに対して私たちの立場で行うべきこととその優先順位は何か、を考えていく必要がある。

　たとえば、他科入院患者のコンサルテーションの場合などは、患者の治療の受容不全といった理由に端を発しながら、医師との疎通や関係性構築の不十分や病棟内の情報伝達の不備がそのもとにあるような場合もある。患者のほうがそのような不全状況に適応してしまうなら問題は表面化しないが、相対的に持ち堪えられなくなったときに何かが起きる。こうした時、依頼元の医師や病棟がどれだけ精神力動的な視点を共有できるかについてのアセスメントを持ったうえで、それに合わせたサジェスチョンを行わなければ不毛に終わる。慎重な積み重ねによって、次第に依頼元に力動的な見方の有用性が認められていくこともある。

　一方では、精神科においての治療方針をたてるにあたり、治療者を含む治療環境のアセスメントも必要である。現実検討を行うといってもよい。患者の病理をアセスメントしたうえでその重さや投影同一化による巻き込みに対し、治療者の技量が対応できるか、病理と治療に見合った治療構造の安定した提供ができるか、といった先を見越した検討を行っておかなければ、実のある治療は展開しない。不十分ならどういう補強や代替の方法があるか考えていなければならない。

　医療場面とは、必要なことを行い、不要なことは行わない場である。理念的には、そのはずである。現実的には様々な過不足が横溢しているが、理念にはいつも立ち戻りたい。

第8節　症例R

【初診】
　女子大学生のRは、高校時代から過呼吸発作が頻繁に生じるようになり、頭痛や睡眠障害もあった。地元の精神科では、心因性の頭痛として睡眠導入剤、

抗うつ薬、鎮痛薬などが処方され、部分的な改善をみていた。かなりの投薬量だった。遠方に進学した後も、地元への通院は間隔をあけて継続した。本人も家族も向精神薬をこのまま続けることに不安があり、父親が薬物以外の治療の可能性を調べて、Rは私の精神科外来を初診した。

　まず主訴と病歴について、ところどころ質問をはさみながら話してもらった。その時点での主訴は睡眠障害だった。そして、夜間の健忘・夢遊症状があったため、前医によって睡眠導入剤の減量がなされたが、なお薬が多いとRは感じていた。彼女は病歴についてまとめを準備するなど、こちらへの受診については能動的であった。ところが、経過を話す時、彼女は、「母」は高校時代の負傷を発症の原因と考え、「父と教師」は母親との関係に注目したと述べたのだが、まとめを作った割には自らの見解はあいまいであった。発症とその後しばらくの描写はぼんやりとした印象だった。休みがちながらも高校の学業は全うし、塾で受験準備に取り組み、周囲の予想を覆して現役で遠方の志望校に合格した。関心分野に合わせた綿密な志望校選択がうかがわれた。進学後は単身生活を維持管理し、大学の単位も取れているが、それで精一杯で、学生らしい課外活動をする余裕はないとのことだった。卒後の進路は具体的に自分で考えているようだった。

　既往歴、生育歴に大きな問題はなし。

　Rはどちらかといえばやや地味に見え、言語的疎通は問題なく、思考内容形式ともに違和感はないが、どこか遠回しな、自分から隔てたような話しぶりだった。困った感じは濃くはなく、情緒的な起伏に乏しい印象を受けた。

　彼女がもっと自分の持っているはずのエネルギーを生かしたいと感じていることは伝わってきたが、一方では、あいまいにし、その願いと距離を置くところがあるようだった。基本的には発症後も達成は維持され、先のこともある程度現実的に検討はしており、自我機能は保たれているようだった。父親が彼女を配慮しており、母親との間には円滑な情緒関係が十分にないように見えた。

　Rは元気そうには見えないが、うつ状態というのとも違った。制止や抑うつ気分は明らかではなかった。この時点で症候的な診断は身体表現性障害である。背景となる力動はまだ明らかとはいえず、謎が残った。

　最近は同じ処方の繰り返しだったので、私はまず、薬物の漸減を検討しよう

と考えた。睡眠導入剤の影響と考えられる夜間の健忘等について尋ねると、自分では覚えていないが、同胞の前では「別の人」が出て名乗っているようだ、とRは割合あっさりと言った。おそらく薬剤性だけではない要素があり、解離の存在を考えると、病歴を語る時のあいまいさは納得ができた。また、控えめな態度や生活ぶりからは、古典的な水準の高めのヒステリーが考えられ、父親と近しいことも諾えた。

この時点で暫定診断を身体化障害および解離性障害疑いとした。本人にもそのように伝え、まず薬物の部分的修正を開始し、長期的方針はもう少し検討が必要と伝えた。大学のスケジュールや通院にかかる時間など、現実的なことも考慮に入れる必要があり、生活圏内で通院先を探すことも一つの選択肢であることも伝えた。

【診察2回目】——1ヶ月後、一般外来

Rは、薬物は少し楽に感じること、勉強で余裕はないが強引にバイトを始めたことを報告した。しかし人の中にいても、他者が話していることが流れていくようだと述べていた。私は、その現象は『離人』で、前回の「別の人」と同系列であること、そのように自分が別れてしまうような心の切迫が推測されること、薬で治るというものでもなく、精神療法が必要である、と伝えた。そしてその際、毎週定期的に通院する必要があるが、現実的にどこで行うかという問題提起をした。Rは、学生の間に何とかしたいが、近くにはめぼしい治療施設はなく、過去の経験から医師との相性も肝心で、とこちらへの通院に意欲を見せた。また、解離のことは親や前医には言っていないとのことだった。彼女は初診時に比べて随分と能動的に治療を求めた。

私は、親の理解を得て治療の方向を決める必要から親の面接を設定し、解離も含めて病状説明をすることの了解をSから得た。

【父親面接】——更に半月後

Sは高校時代に発症したが、大学入学による環境変化と薬物で改善を期待したものの限界があると父親は感じ、伝手のある医師に相談して、当院初診となった経緯を語った。更に、母親は心の病気に理解がなくRにとってはストレッサーだと語った。父親は、Rはかつての自分と似て性格に柔軟性がないが、最近新しいことに取り組み、勉学も前向きになってきた、と期待を寄せている

ようだった。

　私は頭痛と睡眠障害のほかに解離や離人があることを説明し、Rに対してと同様の精神療法の動機づけを行った。次に、毎週という治療の現実的な条件を示すと、父親も戸惑いを示したので、まずは、精神療法のための構造化されたアセスメント面接までを受けることを勧めた。そして、Rと話し合ってみてほしいと伝えた。

　父親は協力的かつ意欲的で、過度にならない程度の支持を行っているようであった。Rも父も互いに親近感と信頼関係をもっていることはここでも分かったが、蚊帳の外になっている母親の存在がますます気になった。

【その後】

　Rはアセスメント面接を受けることにした。私が精神療法担当となり、薬物療法を中心とする管理医を設定してA-Tスプリットとし、アセスメント面接後は継続治療面接となった。

【解説】

　DSMの操作診断では消えてしまった「ヒステリー」は、臨床的意義がなくなったわけではない。むしろ、治療戦略を立てるにあたり、他をもって代え難い概念の一つであることが本症例を通して理解されるであろう。病歴からすると、自我心理学的にいえば彼女は、思春期以降の欲動の取り扱いに難渋しているのではないか、という仮説は持ちうる。初診時の曖昧になっている部分があるという感触や、うっすらとした隔離の印象をそのまま情報として保ちながら問診を続けていると、背後にある対象希求性がそこはかとなく透けてきた。そこに目を凝らしていると、「別の人」という切り札が切られた。これは時を逃さず必要十分に受け取るべきものであった。初診時（およびその付近）のアセスメントは医療という現実的な枠組みの中で治療を成り立たせることに寄与する、という原則に則って方針を立てた。

第 9 節　おわりに

　診断するという作業は、類型化を伴う。大雑把な類型化作業の中に患者は自らの苦悩を投じる意欲を持てない。医学的症候論に基づく診断は、病気の診断分類に向けられたもので、苦悩の成り立ちや体験については十分に言及する責任を負っていない。精神分析的な初診時とその付近でのアセスメントは、症候の間を充たしている目に見える形にならない情報を組織的に拾いあげ、類型化を緻密にしていくとともに患者の体験を変容させる導入部となるものである。

文献

1）藤山直樹「医療コミュニケーションの基本」笠井清登他編『精神科研修ノート』診断と治療社、2014

2）Gabbard, G. O.（2014）*Psychodynamic Psychiatry in Clinical Practice：Fifth Edition*. American Psychiatric Publishing, Inc.〔これは DSM-5 版だが、DSM-Ⅳ版に関しては権成鉉、大野裕、舘哲郎訳『精神力動的精神医学——その臨床実践 DSM-Ⅳ版』全 3 巻（岩崎学術出版社）あり〕

3）Langs, R.（1973）*The Technique of Psychoanalytic Psychotherapy*. Jason Aronson.

4）皆川英明「『重ね着症候群』（衣笠）について」福本修、平井正三編著『精神分析からみた成人の自閉スペクトラム』誠信書房、2016

5）妙木浩之『初回面接入門——心理力動フォーミュレーション』岩崎学術出版社、2010

6）小此木啓吾「自我機能」小此木啓吾他編集『精神分析事典』岩崎学術出版社、2002

7）髙野晶「精神分析的精神療法——抑うつを経てこころが育まれることについて」上島国利監修『治療者のための女性のうつ病ガイドブック』金剛出版、2010

　2）と5）は全般的に参考となる文献である。

第13章
成人の精神分析的プロセス

伊藤　幸恵

第1節　はじめに——医療に精神分析の知を生かす

　私は臨床心理士として駆け出しの頃から、そのほとんどを医療領域の中で過ごしてきた。縁あって長らく勤務した大学病院の神経精神科学教室は、精神薬理学や生物学的精神医学を専門とする医師で構成されていた。しかしその傍らに細々とではあれ、連綿と続くサイコセラピーの臨床研究の流れを抱えおく懐の深さがあった。その流れは森田療法から始まり、精神分析との対話に至ったわけだが、真摯に精神分析を学び、精神科医療の中で生かそうとする先達の中で私が臨床の初めの一歩を踏み出すことができたのは幸運だった。

　とはいえ、入職当時の心理班は老年精神医学分野を主たる研究領域にしていたので、心理療法への志のある者は時間を捻出して、ひとり二つほどのケースをささやかにかつ丁寧に続けるというのが実情だった。

　私が初めて関わったのも、軽度認知症の患者だった。認知症の家族教室を開催している間、その隣で患者同士の茶話会をもつ、というのが当初引き継いだ任務だった。しかし担当してまず感じたのは、茶話会で終わらせるには惜しい、ここは目的をもった対話の場になりうる、ということだった。認知症患者への非薬物療法的介入としては回想法が知られる。しかし認知症症状が軽度であり、自身の変化を自覚し、混乱や失意の渦中にある患者にとって必要なのは、疾患やその治療について希望を持てるように配慮して情報提供を行うことや率直な思いの話し合いの場なのではないかと私は考えた。

　そこで私は茶話会を、今で言う当事者グループ、毎週同じ時間、同じ場所、

固定のスタッフとメンバーによる対話の場として構造化した。毎回、この場がどんな困難を抱えたメンバーによる、どんな目的のグループなのかを説明し、全員の自己紹介から始めた。近時記憶障害はあれど、毎週集えば親しみや信頼が育まれ、認知症症状による苦労や傷つき、家族に協力してほしいことや対応、罹患をめぐる様々な思いを語り合う場となっていった。

そこでは疾患の受容とともに、各々の人生における「認知症」という疾患の意味と、幕引きについてのモーニングワークが営まれた。彼らの言葉は深く、重く、豊かだった。患者の言葉とそこからの学びをまとめたものを、認知症の告知を受けた患者と家族に配布する冊子として製薬会社が世に出してくれた。このことは患者の励みにもなった。精神分析を学ぶ者であれば、心の痛みや声なき声を聴くことの大切さ、「対象喪失」というテーマの意味深さを知っており、それゆえ同じ場で同じものを見ていても、見えてくるものは違ってくるということなのだ。見えてくるもの、いわば見立てが異なれば、方針も異なる。こうして精神分析の知は、治療者という媒体を通して、患者に恵みをもたらす。

私の主張をもう少し明確化すると、「医療の中で精神分析の知を生かす」というワークと、医療で行うサイコセラピーを「精神分析に近づけようとする」という努力とは全く別の話であるということだ。初学者のスーパービジョンにおいて、この問題に直面することは多い。トレーニングを始めると「精神分析的治療は金であるのに対して、自分の携わる仕事も含めて精神分析以外のすべては鉛に過ぎない、との誤った思い込みをしてしまうことが多い[9]」ことには、自身の経験に照らしても思い当たるものがある。いつの間にか医療において精神分析的サイコセラピーを実践すること、サイコセラピーを「精神分析的なものにする」ことに治療者が熱心になり、ややもすると患者が置き去りにされるような誤謬も起き得る。

実際のところ、医療現場で機能している心理臨床家は、30分枠の面接やベッドサイドへの訪問、グループ、家族教室、他職種へのコンサルテーションなど、見立てと戦略にもとづいた様々な介入を駆使しているだろう。私の場合でいえば、それらを生み出す母胎となっているのが精神分析の知なのである。ピンスカー[9]は「ひとりのセラピストにとってのオペレーティング・システム（OS）とは、そのセラピストが実施する介入に方向性を与える理論的思考である」と

表現しているが、精神分析的な原理が OS として機能する治療者像、というイメージは想像しやすいかもしれない。

　ではそこで、見立てと戦略を生み出す母胎、OS として、精神分析が有用と考えるのはなぜか。医療において治療のターゲットとなるのはまず「症状」や「問題」である。それは患者、患者を囲む人々、現場のニーズであり、重要視しなければならない。しかし、症状消失や問題の解決そのものを追っていると、例えば症候移動のような形でいたちごっこにはまりこむという事態も起きがちである。症状や問題が意味しているもの、その背景にある力動を、患者の内的世界、患者の住まう現実、治療関係・治療構造のそれぞれにおいて理解し、患者が何を伝えたいのか、何をしようとしているのかを捉えない限り、事態は動かないことは多い。患者が人生を主体的に生きることが可能になったとき、既に症状や問題は必要とされなくなっている。

　プロパーな精神分析が山の高みであるとすれば、精神分析の知見を活かした臨床はその中腹や裾野に広がる森のようなものとたとえるのはどうだろうか。頂上にはそこに至った者にしか見ることのできない風景が広がっている。かといって、その中腹や裾野の動植物の生態系もまた豊かであり、実り多いものだ。私はその中腹や裾野で、ひとりでも多くの患者にその実りを届けたいと思っている。こうした一心理臨床家の実践やリアルな声を形にしたものが後進のための地図となったり、あるいは同時代を生きる臨床家との対話に繋がっていくことがあれば、それは大変意義あることと考え、本章に取り組み始めた。

第 2 節　臨床実践について

1　能動的であること

　手始めに必要になってくるのは能動性であると思う。私は入職直後の数週間、病棟看護師の実習に入った。このような試みは後にも先にも私ひとりだったが、この経験によって外来 – 病棟 – 医療を見渡す全体的な地図を得ることができ、有意義だったと思う。この地図は心理臨床家として精神科臨床に立つ時の心構えや立ち位置についての指針となった。

医師、看護師をはじめとした多職種が関わりあう臨床の場で仕事をしていこうという時、信頼関係がその足場になければ何も始まらない。その場を能動的に耕していかねばならない。しかしそれはなかなかにむずかしい作業でもある。特に「心理」に加え「精神分析」といったタームが他職種に惹起させる反応について知っておく必要がある。そこには何か見えないものを知る、知りえないものを知る、といった特権的な響きがあり、「脅かしてくる対象を潰せ！」という謂れなき攻撃や支配、見透かされる不安ゆえの拒否、あるいは万能的期待などが投影される。それらを理解したうえで関係性の構築を進めていくことが必要になるだろう。

　また我々には、現場のニーズ、主治医、他職種との関係などのソフト面、環境などのハード面等、現実的な条件との兼ね合いの中で、幅広い病理や病態の患者に役立つサイコセラピーを提供することが求められている。そこでは、患者と患者を囲む人々や環境についての能動的なアセスメントやマネージメントが重要になる。どんな場の、どんな局面にあっても、常にアセスメントは作動しているという感覚である。入院患者について考えるのであれば、その時の病棟機能のアセスメントも不可欠である。例えば病棟看護師の中で、師長を中心とする体制派と反体制グループの確執や反発が密やかに動いている時、人間関係の機微を繊細にキャッチする患者はその分裂を巧みに使って自身の内界のスプリッティングを表現するものだ。

　我々は、環境の治療機能のアセスメントを常にしている必要があり、それによって取れる治療戦略は変わり、患者の状態や病態によっては入院が適切ではないと判断される場合もあるかもしれない。つまり、環境の治療機能のアセスメントとは、転移–逆転移を把握するために、治療者が自身の内界についてサーチすることと同様なのだ。

　治療者は、まずは自身の心にどのような生き物たちが息づき、猛獣が潜んでいるのかを探索しておき、患者が投じてくる転移と逆転移の様相を理解するための準備状態を整える。医療であれ、家族であれ、恋人・友人や社会であれ、患者を抱える環境は治療に関わるコミュニティである。それらの機能をアセスメントし、患者の展開する転移–逆転移との関連を読み解いておくことは、治療者と患者、コミュニティが治療を生き抜くために必要不可欠な作業と言えよう。

サイコセラピーを担当している患者が入院することになったとき、入院中の面接をどう位置付けるのか、という判断も逐一行っていく必要がある。そのサイコセラピー経過における入院という事態の意味合い、経過の中で入院中も面接を継続する／休みとすることの意味合いについて、患者の病態、病理、前景に立ち現れてきているテーマなどとの照合により理解し、患者と話し合い、決定していく。もちろん、主治医や他職種にも、これまでのプロセスと今ある局面について伝え、協働していくことになる。

　以上のように、マクロとミクロ、内と外を能動的に行き来する、それが現場における心理臨床家の自我の感覚と言えるだろう。

2　治療者の仕事について

　次に、実践において治療者が行っていることを辿っていく。治療者がまず初めに為す仕事であり、それから経過を通して行われ続けるのがアセスメントである。精神分析を片方の極として、サイコセラピーを表出的、探索的なものから支持的なものまでのスペクトラムとする捉え方があるが、それは一つの指標となるだろう。しかしそれは、スペクトラムのどこかにプロットされる、という静的なものではなく、テーマによって、あるいは局面によって、何をどこまで扱い、何をサポートするのか、といった塩梅は常にアセスメントされ続け、介入が方向づけられていく。

　さて「支持的」と当然のように用いているが、患者にとって有用な支持的介入は熟練の技であり、治療者の支持的機能を定義づけることもむずかしい。古典的なモデルにおいては、「支持」といえば抑圧の強化を意味する。「覆いをとる」(uncovering) に対する「覆いをつける」(covering) の技術である。構造の問題、例えば週1回の面接頻度の場合、患者は治療の外の6日と23時間の現実を生きていることを治療者は認識し、治療的なリソース、病態とのかけ合わせのうえ、「覆いをとる」(uncovering) － 「覆いをつける」(covering) の技法をどのように用いるべきか検討する必要がある。前述した患者を抱えるコミュニティ全体の機能評価も不可欠である。

　「覆いをつける」(covering) 技法としては、まず「自我」を支持する介入が挙げられるだろう。患者との協働関係を築き、共感・理解の基盤のうえで現実

検討を促したり、様々を仕分けし境界機能を強化したり、現実原則を優先することについて考えるなど、助言や教育的関わりも必要になる。例えば、「やる気が出ない、おっくう」のような心理的な抑制症状が遷延化したうつ病患者において、場合によっては、生活の構造化やささやかなルーチン・ワークを導入する意味を伝え、とにかく枠組みに乗って動く、するべきことをする、という試行を進めることもある。こうしてある種の退行状態に歯止めをかけ、「やる気が出ない－結局何もできなかった罪悪感」のスパイラルから、発達の方向へ巻き返しを図る。

　こうした生活の足場を整えるための介入を要している患者も多く在る。我々の強みは、行動療法的な介入に「なぜこれが大切なのか」という点についての精神分析理論に基づいた説明を加えられることかもしれない。自我－超自我－エスといった構造論的理解や退行－発達の考え方、快楽原則－現実原則についての説明は、思いの外受け入れられるものだ。そのような理解が共有できると、なかなかしんどい試行錯誤に患者は主体的に取り組むようになる。

　また「発達」の視点は、支持的機能を考えるうえで重要である。治療者は患者の退行的動機を助長せず、発達的動機に注目しそれを育んでいく。例えば患者が次回面接までの１週間を持ちこたえられるか心配で治療者のアドバイスを求めた局面にあるとしよう。治療者のどのような介入が有用だろうか。

　不安の内訳について検討する、その不安をいまここでのやりとりや関係性に特有の何かとして同定する、あるいは何らかの行動目標や対処方法を共に考えるなど、諸々考えられる。「ここで私がアドバイスを与えてしまったら、"私はこの１週間を持ちこたえられないに違いない"と自分に呪縛をかけるあなたの部分に同意してしまうことになる」と伝えることも、ある場合では支持的に機能する。治療者が患者の退行的な欲求を見極め、現時点で立っている発達的な地点を認識できていれば、患者の力を信じ、求められた"支持"を控えることが支持的となる場合もある。

　この「発達的動機」と「退行的動機」についてセミナーで質問を受け、臨床場面ではどのような軸でそれを見極めているのか、ということについて考えた。「発達的動機」とは、子どもの日常語で表現すれば「大きい子になりたい！」という成長することへの期待と喜びであろう。できることや楽しみが増え、世

界の広がり、新たな対象とのつながりを獲得している主体としての自分、という感覚がそこにはある。

　一方で「退行的動機」とは、「赤ちゃんのままでいたい」という成長することへの拒否と万能的世界へのしがみつきと言えよう。それは例えば、「大きい子」になる歩みに必ずついて回る「赤ちゃんの自分」を失うことへの痛みや悲しみが受け止められないまま、偽りの「大きい子」でいることを求められてきた人に生じる。そのような痛みや悲しみをめぐる思いが様々なかたちでやりとりされること（駄々っ子、イヤイヤ期、反抗期……）には発達的な要素を見るが、分離・自立へ向かう道筋から撤退し「できない子」のままでいようとする動きは退行的と考える。ボーダーライン治療において重要視される"行動化から言語化へ"という方針にも、発達の方向性を見て取ることができよう。

　また分離・自立への道筋では、その先にある世界で享受できるものや社会とのつながりを体現し、「仕切り」の機能を発揮する父性の果たす役割も大きい。患者の発達を信じている治療者の、率直さやある種の厳しさも父性に由来し、理解や共感と同じように重要と考えている。

　更に、分裂、否認、投影といった原始的防衛機制が優勢である患者を対象に発展した治療関係の内在化モデルも、治療者の支持的機能について示しているともいえる。治療者は、患者が自己から切り離し投影してくる自己／対象表象を引き受け、心理的に代謝し、患者の準備が整った時期に、患者が取り入れることが可能なかたちで返していく。そこで治療者は、患者の準備が整うまではそれを自分の心の内に留め置いたり、患者が伝えてきたものについてそれをどのような言葉でどのように伝えていくのかを考え、練り上げる。その際、言語情報はもちろんのこと、観察から得られる非言語の情報も治療者に多くの理解をもたらす。同時に伝える治療者の態度（理解と共感）という非言語の要素の果たす役割も重要視されている。このように、対面という構造においては、複数の感覚器官から入力される豊富なデータを生かした相互交流が生じており、それは週1回以下の面接において推進力となる。

　患者の発達を信じるということの治療的意義も、この内在化モデルで説明される。患者から「何より自分を信じられない」という苦しみに満ちた声を聴くことは多い。患者の発達を信じるという治療者の投影同一化は、自分自身を信

じる自己や希望を持つということの萌芽を促す要素となるだろう。

　現代の医療における臨床を考える時、上記のように「支持的役割」に重点を置いた治療スタンスは不可欠である。その際に、自分は何を為し、何を為していないのか、ということに自覚的であることが重要である。その土壌の中で、治療者との対話を通し「考える」作業を続け、患者が自分の内に「考える」機能を育んでいくプロセスは進む。症状や行動の無意識的意味を考え、理解を深める過程で、自我は主体性や自律性を獲得していく。双極性障害として長らく気分の浮き沈みと希死念慮に苦しんでいたある患者は、心理療法に取り組み2年を経た頃に、安定して過ごす喜びを「ずーっと自分が続いている、という感じ」と表現した。それは"考えること"が萌(きざ)し、主体が息づき始めたことの体感であると思う。

3　事例T

　ここで事例を提示しようと思う。バイオ－サイコ－ソーシャル（Bio-Psycho-Social）の要因が複雑に絡み合うケースだが、こうした一筋縄ではいかない事態を紐解いていくために、心だけに捉われない多角的な視点と心を考える母胎としての精神分析の知が有機的に機能し合うあり様を示してみたい。

　彼女は20代にある自己免疫性脳炎に罹患し、一命は取り留めたものの後遺症としての精神病症状に悩まされることになった。妄想対象との侮蔑と嘲笑の応酬という精神病症状は彼女の現実生活を侵食し、数年経過しても症状に左右され、時に不穏・興奮状態となり自傷した。抗体価は既に正常値であり、脳炎自体は治癒と判断され、神経内科としては手の打ちようがなかった。精神科治療へと手渡されたものの、妄想対象は自我親和的で抗精神病薬も効果なく、緊急避難的に短期入院を用いて凌ぐしかない状況が続いていた。その何度目かの入院時、彼女の病態を再検討するための資料としての心理検査を私が担当した。彼女は人好きされそうな笑顔の持ち主で、病歴にあったような激しい症状は想像しにくかった。

　心理検査から示唆されたのは、周囲の期待に応えようという頑張りやの面や前進を良しとし停滞を嫌う元来の傾向と、脳炎の器質面、心理面へのインパクトであった。器質面としては、注意、視覚的体制化、短期記憶を中心とする認

知機能の問題、自我境界が障害され、また過敏性が亢進し妄想的傾向が強まる状態が一過性に現れるという精神病的部分の存在が指摘された。しかし、見過ごせなかったのは、心の奥底に沈む抑うつ感、自らが損なわれてしまったという感覚や喪失感だった。それらは明るく振る舞う彼女からは微塵も漂わず、どこかで誰かに受け止められているのだろうか、という懸念を抱いた。一方で陰性感情の表出に抵抗が強く不慣れな彼女があることも確かなようだった。私は入院中にフィードバック面接を持ち、それらについて彼女に伝えた。

こころに思いを寄せる専門家の存在は、彼女の中の今まで開かれることのなかったドアを叩いたようであり、彼女を苛む妄想対象との孤独な闘いにおける孤立感と無力感を少しは和らげたようだった。彼女はアセスメント面接を経て、心理面接の継続を希望した。

1）仕事1：精神病部分を自我異和的なものに近づけていく

当初、彼女は自分を馬鹿にしたり、思考の邪魔をする妄想対象に苛立ちながらも、その世界に没入していた。彼女の身体の一部に住み着き、特有のやり方でその存在を私にも伝えている、と示される妄想対象については、「不思議な現象」という位置づけで否定も肯定もしなかった。しかし、同時に精神病部分を対象化していくための試みを始めた。まずは脳炎について、彼女の脳の中で何が起きていたのか、ということについての勉強会をふたりでもった。それは必然的に精神病症状の発生機序の説明を含むが、当初は彼女の妄想とはなかなか結び付かなかった。妄想対象とのやりとりに没入していくタイミングやプロセスを明確化し、予防法や対処の工夫を話し合い、彼女は症状を主体的にマネージしていくことを試行錯誤しながら学び始めた。何度も揺り戻しながらも、半信半疑程度のところまで辿り着いた。

2）仕事2：急性の精神病症状の恐怖と医療に対する不信と怒りのワークスルー

脳炎についての疾患教育は、病いにまつわる彼女の体験の辿りなおしという道も拓いた。初期の鑑別困難な状態像ゆえの混乱と苦労はもちろん、特に急性期の精神病体験の恐怖と圧倒的な孤独感は彼女のこころに生々しい傷跡を残していた。脳炎の場合は神経内科病棟への入院となり、設備面の不備や精神病症

状への対応に不慣れな看護体制は、精神病の恐怖体験を抱える機能に乏しく、彼女は更に孤独な闘いを強いられることになったのだった。

　こうした振り返りの後、面接を終えたその足で神経内科外来に赴き、妄想対象に憑依された状態で文句をまくしたてるという行動化が起きる。また、面接室内で急に表情と声色が変化し、妄想対象との応酬が始まるというかたちで精神病部分が持ち込まれるようになった。こうしたプロセスの中で、精神病部分の手を借りて訴えられているのは医療、そして治療者に対する彼女自身の怒りと不信であることが理解され共有されていく。疾患を巡る彼女の体験を知った私には、その怒りと不信は当然のものと感じられた。彼女は当時の体験を改めて想起し、怒りと不満を自分のものとして語るようになった。そして恐怖との孤独な闘いで傷ついた自分自身を労わり、悲しむようになった。

3）仕事3：病いによって失ったもの、モーニングワーク

　サイコセラピーを開始してから、彼女が精神病症状に圧倒され、入院を要するような状態を呈することはなくなった。さらに仕事2のプロセスの後は、精神病部分の自我異和化がもう一歩進み、その部分が担っていた役割について話し合えるようにまで進展した。

　現実的な側面では、ソーシャルワーカーを紹介したところ、彼女は社会福祉的なサービスについて調べ、アクセスするなど力を発揮し始めた。健康な部分が充実し、現実検討力が格段に回復した彼女は自信も取り戻し、友人と再会したり、就労について調べ始めるなど社会との接触を再開した。そこで彼女は、高次脳機能障害や自分が闘病によって青年時代を失ったという現実に直面することになる。すっぽり抜け落ちていた、発症前の自分から現在の自分に至るまでの時間と歴史を紡ぎなおす彼女は、深い悲しみにまみえることになった。将来への不安や迷い、そして期待で揺れていた若き日の自分を慈しみ、懸命に生きようとする自分自身に価値を置くことができるようになっていった。

4）仕事4：病前に抱えていた心理的課題への直面と自立の模索

　一方で彼女は、病前に抱えていた心理的課題を自覚するようになる。彼女は大変な環境の中を、面倒事も不平一つ言わず引き受けるよい子として生きてき

た。家族とのしがらみから、分離・自立や達成をめぐって一筋縄ではいかない状況に陥っており、ある大きな傷つきのエピソードに連なる脳炎発症であったことが理解された。ここからは、彼女のよりパーソナルな問題に取り組んでいくことになった。

また、彼女は社会へと足を踏み出そうとした直前に脳炎に罹患しており、就労についての不安、自信のなさはもちろん、高次脳機能障害を抱え社会的な場面に出ていくことについてのリハビリテーションも必要そうであった。私は信頼する医師の展開する機能的なデイケア-就労支援機関に彼女を紹介し、治療の手を補強した。彼女は多くの助け手に支えられ、アルバイトに挑戦し、現実的な自立に向けて歩みを進めていった。

5）事例のまとめ

「脳炎」「器質性精神病」という病態に対し、バイオロジカル、ソーシャルな視点からの援助が最優先であることは自明である。ただ、私が出会った時の彼女は、神経内科、精神科によるバイオロジカルな治療では手を尽くされており、ソーシャル、サイコロジカルな視点からの援助は手付かずであった。バイオロジカルな要因によって引き起こされる疾患であっても、そこにはそれまでの人生を生きてきたその人があり、その人生における疾患の位置づけは人それぞれであり、文脈というものが必ずある。そのようなナラティブ（Narrative）の視点なしに、疾患にまみえた人の真の回復はむずかしい、と私は理解しているし、それがエンゲルの伝えるところなのだと思う。彼女はそれを、身をもって教えてくれた。

それにしても彼女の病態の理解と介入はやはりむずかしく、触診しながら進む、といった具合だった。しかし、その時に傍らに開いていたのは、ビオンの人格の精神病部分、非精神病部分についての理解であった。それぞれの識別と特に精神病部分が訴えているものは何なのかを見極めていこうとする姿勢をとり、精神病症状を症状＝排除すべきものとは捉えず、統合を念頭に置いた。それと同時に、状態に応じた技法的工夫（疾患教育、対処方法についての助言、相談など）、治療コミュニティの構築を進めていった。

コルタートは、「つまり私にとって、可能な限りのやり方で〈患者と関わり

合うこと〉全てが〈サイコセラピーをする〉時の目標なのです」と述べている[4]。この言葉は、どんな場にあっても治療者が臨床を主体的に生き抜く心得なのではないかと私は感じている。その「可能な限りのやり方」を生み出す母胎が、精神分析の知なのである。

第3節 おわりに

　最後に、母胎としての精神分析の知を自らの内に育むためのトレーニングについて触れたい。多くの手習いがそうであるように、そのトレーニングは体験型である。本を読んで済ますなど、そのものの本質的な魅力に触れる機会を自ずから捨てるようなものだ。また「精神分析的精神療法習得5日間コース」のように銘打たれた研修が見当たらないように、技術の習得を目的に精神分析関連のセミナーに参加する人も少ないと思う。精神分析の知に触れ、刺激を受け、臨床はもちろん、自分自身や人生とも絡まってあれこれと考える——セミナーに参加して起きていることはそんな作業だ。仕事と家庭生活との両立に悩みながらも、多大な時間と費用とエネルギーを、好き好んでトレーニングに注ぎ込んでいる。精神分析を受ける人々、精神分析を学ぶ人々は、それぞれが、それぞれのかたちで精神分析そのものに魅了されているのだと思う。

文献

1) Bateman, A. & Fonagy, P. (2004) *Psychotherapy for Borderline Personality Disorder: Mentalization-Based Treatment*. Oxford University Press.〔狩野力八郎、白波瀬丈一郎監訳『メンタライゼーションと境界パーソナリティ障害——MBTが拓く精神分析的精神療法の新たな展開』岩崎学術出版社、2008〕
2) Bion, W. R. (1957) The differentiation of the psychotic from the non-psychotic personalities, *International Journal of Psychoanalysis*, 38: Reprinted in *Second Thoughts*. (1967)〔松木邦裕監訳『再考：精神病の精神分析論』金剛出版、2007〕
3) Balint, M. (1968) *The Basic Fault: Therapeutic Aspects of Regression*. Northwestern University Press.〔中井久夫訳『治療論からみた退行——基底欠損の精神分析』金剛出版、

1978〕

4) Coltart, N. (1993) *How to Survive as a Psychotherapist*. Jason Aronson Inc.〔舘直彦監訳『精神療法家として生き残ること——精神分析的精神療法の実践』岩崎学術出版社、2007〕

5) Engel, G. L. (1977) The need for a new medical model：a challenge for biomedicine. *Science*. 196(4286)：129-136.

6) 狩野力八郎 (1991)「治療者の支持的役割——治療状況における退行の意味を認識すること」『精神分析研究』35(1)、47-57.

7) 狩野力八郎『重症人格障害の臨床研究——パーソナリティの病理と治療技法』金剛出版、2002

8) McWilliams, N. (1999) *Psychoanalytic Case formulation*. Guildford Press〔成田善弘監訳『ケースの見方・考え方——精神分析的ケースフォーミュレーション』創元社、2006〕

9) Pinsker, H. (1994)The Role of theory in teaching supportive therapy. *American Journal of Psychotherapy*. 48：530-542.

10) Pinsker, H. (2002) *A Primer of Supportive Psychotherapy*. Routledge.〔秋田恭子、池田政俊、重宗祥子訳『サポーティヴ・サイコセラピー入門——力動的理解を日常臨床に活かすために』岩崎学術出版社、2011〕

11) 渡辺俊之、小森康永『バイオサイコソーシャルアプローチ——生物・心理・社会的医療とは何か？』金剛出版、2014

執筆者紹介

福本　修（ふくもと　おさむ）［第 1 章・第 11 章］
1958 年生まれ
1982 年　東京大学医学部卒業
現　在　代官山心理・分析オフィス
著訳書　『精神分析から見た成人の自閉スペクトラム——中核群から多様な拡がりへ』（共編著）誠信書房 2016、『精神分析の現場へ——フロイト・クライン・ビオンにおける対象と自己の経験』誠信書房 2015、『クライン派用語辞典』（共監訳）誠信書房 2014、他多数

木部則雄（きべ　のりお）［第 2 章・第 3 章・第 8 章］
編著者紹介参照

井口由子（いぐち　ゆうこ）［第 4 章・第 7 章］
1952 年生まれ
1974 年　早稲田大学第一文学部卒業
現　在　こども・思春期メンタルクリニック　臨床心理士、市ヶ谷心理相談室室長
著訳書　『動物になった家族——子どもの動物家族画テスト』（訳）川島書店 2009（電子書籍22世紀アート 2018）、『フロイト「ねずみ男」精神分析の記録』（共解説）人文書院 2006、他多数

吉沢伸一（よしざわ　しんいち）［第 5 章］
1978 年生まれ
2002 年　青山学院大学文学部卒業
2004 年　青山学院大学大学院文学研究科博士前期課程修了
現　在　ファミリーメンタルクリニックまつたに　臨床心理士
訳　書　『心的変化を求めて——ベティ・ジョセフ精神分析ワークショップの軌跡』（共訳）創元社 2017、『子どものこころの生きた理解に向けて——発達障害・被虐待児との心理療法の3つのレベル』（共訳）金剛出版 2017

村田朱美（むらた　あけみ）［第 6 章］
1962 年生まれ
1985 年　聖心女子大学文学部卒業
2014 年　白百合女子大学大学院文学研究科博士課程修了　博士（心理学）
現　在　日本赤十字社医療センター小児科　臨床心理士

浅野美穂子（あさの　みほこ）［第9章・第10章］
1973年生まれ
2001年　名古屋大学医学部卒業
現　在　こども・思春期メンタルクリニック　医師
著訳書　『疾患・症状別 今日の治療と看護　改訂第3版』（分担執筆）南江堂 2013、『発達障害・被虐待児のこころの世界——精神分析による包括的理解』（共訳）岩崎学術出版社 2017

髙野　晶（たかの　あき）［第12章］
1956年生まれ
1981年　京都府立医科大学卒業
現　在　心の杜・新宿クリニック副院長
著訳書　『週一回サイコセラピー序説——精神分析からの贈り物』（編著）創元社 2017、『精神分析から見た成人の自閉スペクトラム——中核群から多様な拡がりへ』（分担執筆）誠信書房 2016、他多数

伊藤幸恵（いとう　ゆきえ）［第13章］
1973年生まれ
1996年　獨協大学外国語学部卒業
1999年　東京国際大学大学院社会学研究科修士課程修了
現　在　こども・思春期メンタルクリニック、心の杜・新宿クリニック、つつじヶ丘メンタルクリニック　臨床心理士。日本精神分析学会認定心理療法士。白百合女子大学大学院非常勤講師
著　書　『臨床に必要な心理学』（分担執筆）弘文堂 2006

編著者紹介

木部則雄（きべ のりお）

1957年	群馬県生まれ
1983年	京都府立医科大学卒業
同 年	聖路加国際病院小児科
1986年	帝京大学医学部附属病院精神神経科
1991年	タヴィストック・クリニック児童・家族部門に留学
現 在	こども・思春期メンタルクリニック、白百合女子大学人間総合学部発達心理学科教授
著 書	『こどもの精神分析——クライン派・対象関係論からのアプローチ』岩崎学術出版社 2006、『こどもの精神分析Ⅱ——クライン派による現代のこどもへのアプローチ』岩崎学術出版社 2012、『精神分析から見た成人の自閉スペクトラム——中核群から多様な拡がりへ』（分担執筆）誠信書房 2016、『子育て支援に活きる心理学——実践のための基礎知識』（分担執筆）新曜社 2009、他多数
訳 書	『こどものこころの環境——現代のクライン派家族論』（共訳）金剛出版 2018、『発達障害・被虐待児のこころの世界——精神分析による包括的理解』（監訳）岩崎学術出版社 2017、『母子臨床の精神力動——精神分析・発達心理学から子育て支援へ』（監訳）岩崎学術出版社 2011、『こどものこころのアセスメント——乳幼児から思春期の精神分析アプローチ』（監訳）岩崎学術出版社 2007、他多数

精神分析／精神科・小児科臨床セミナー　総論
：精神分析的アセスメントとプロセス

2019年2月15日　初版第1刷発行

編著者　木部則雄
発行者　宮下基幸
発行所　福村出版株式会社
〒113-0034　東京都文京区湯島2-14-11
電話　03-5812-9702　FAX　03-5812-9705
https://www.fukumura.co.jp
印　刷　モリモト印刷株式会社
製　本　協栄製本株式会社

Ⓒ Norio Kibe 2019　ISBN978-4-571-24073-7　C3011　Printed in Japan
落丁・乱丁本はお取替えいたします。　定価はカバーに表示してあります。

福村出版◆好評図書

川嵜克哲 著
風景構成法の文法と解釈
●描画の読み方を学ぶ

◎3,400円　ISBN978-4-571-24071-3　C3011

実施手順から箱庭療法との違い，基本型となる描画の解釈，各項目の意味と配置などを長年に亘る経験から詳説。

J.-A. ミレール 監修／森 綾子 訳
精神分析の迅速な治療効果
●現代の生きづらさから解放されるための症例集

◎2,500円　ISBN978-4-571-24070-6　C3011

患者のトラウマを根底から捉え，ラカン派精神分析で迅速な治癒へ導く様を描き出すバルセロナの症例検討会。

皆藤 章 編著・訳
心理臨床家のあなたへ
●ケアをするということ

◎2,400円　ISBN978-4-571-24065-2　C3011

心理臨床家にとって最も大切な「ひとを知ること」とはどういうことかを，40年に及ぶ臨床家人生の中から伝える。

石川 元 著
親があっても子が育つ
●描画などモノから見える家族

◎2,500円　ISBN978-4-571-24069-0　C3011

家族を変えるために描画・食卓・家系図などのモノを介して家族を揺さぶり治癒へと導く過程が描き出される。

A.クラーク・A.R.トンプソン・E.ジェンキンソン・N.ラムゼイ 他 著／原田輝一・真覚 健 訳
アピアランス〈外見〉問題介入への認知行動療法
●段階的ケアの枠組みを用いた心理社会的介入マニュアル

◎7,000円　ISBN978-4-571-24072-0　C3011

先天的要因や疾患・外傷による外見の不安や困難に，段階的ケアによってアプローチする包括的ケアマニュアル。

C.A.ネルソン・N.A.フォックス・C.H.ジーナー 著／上鹿渡和宏 他 監訳
ルーマニアの遺棄された子どもたちの発達への影響と回復への取り組み
●施設養育児への里親養育による早期介入研究(BEIP)からの警鐘

◎5,000円　ISBN978-4-571-42071-9　C3036

早期の心理社会的剥奪が子どもの発達に与えた影響を多方面から調査し，回復を試みたプロジェクトの記録。

子育て支援合同委員会 監修
『子育て支援と心理臨床』編集委員会 編集
子育て支援と心理臨床 vol.10

◎1,700円　ISBN978-4-571-24541-1　C3011

心理臨床の立場で子育て支援を考える。特集「精神分析と子育て支援」。小特集は発達精神病理学を取り上げる。

◎価格は本体価格です。